戦国ドキュメント

松永久秀の真実

藤岡周三

Fujioka Shuzo

文芸社

まえがき

戦国下剋上の時代の三悪人といえば、北条早雲、斎藤道三と松永弾正（久秀）というのが相場である。北条早雲と斎藤道三については、司馬遼太郎の小説などで新しい人物像が描かれ、近年評価が見直されるようになった。唯一救いのない悪人が松永久秀であった。

久秀は一人息子の久通《ひさみち》と一緒に織田信長に滅ぼされたため、直系の子孫がなく、弁護するものがないまま悪評が定着したのであろうか。勝てば官軍、負ければ賊軍である。しかし、調べてみると、博識の教養人で、石垣・白壁の多聞山城《たもんやまじょう》――近世日本の城郭を初めて築いている。織田信長の安土城築城に先立つこと十六年である。足利幕府を追い出して、京都に新しい支配体制をつくったのは三好長慶・松永久秀主従であった。三好長慶はどちらかというと、伝統格式を重んじた人物である。幕府抜きの新しい支配体制を実現するのに力があったのは久秀の方ではなかったか、という気がする。そして、その体制を引き継いだのが信長であった。

久秀は下剋上の代表とされるが、では下剋上とは一体何だろう。辞書によると「下位の勢力が上位の者にうちかつこと」（岩波国語辞典）とある。それは歴史の必然であり、世界の歴史はそうして発展してきた。信長も、秀吉も、家康も、その天下取りは下剋上ではなかったか。明治維新も薩長が江戸幕府を倒した下剋上である。久秀が下剋上の代表であったとしても、それ自体は非難されるべきことではない。

こう見てくると、日本近世の扉をたたき、日本文明の開拓にひと役果たしたのが松永久秀ではなかったか。戦国三悪人筆頭とされてきた松永久秀の存在を見直してみようというのが本書である。

私はたまたま青年期から約三十年を新聞記者として過ごした。新聞記者というのは、さまざまな情報を集めて真実を掘り起こす職業である。長年にわたって警察や検察の担当者らから、情報の端緒を聞き出し、真実を突き止める——といった活動を続けてきた。習い性となって、日本史の弾正松永久秀に対する評価に、大きな疑問を持ち続けてきた。

本書は決して創作ではなく、歴史書の中に残された事実を集め、掘り下げた、いわば歴史ドキュメント、戦国ドキュメントである。古文書から引用した文章は、原則として現代用字用語に改めた。

平成十八年　秋

著　者

目次

第三章　松永久秀――その人物像

第四章　松永久秀――その事績

第五章　久秀を支えた人々

第六章　久秀こぼれ話

第七章　三好・松永勢にたちはだかった勢力

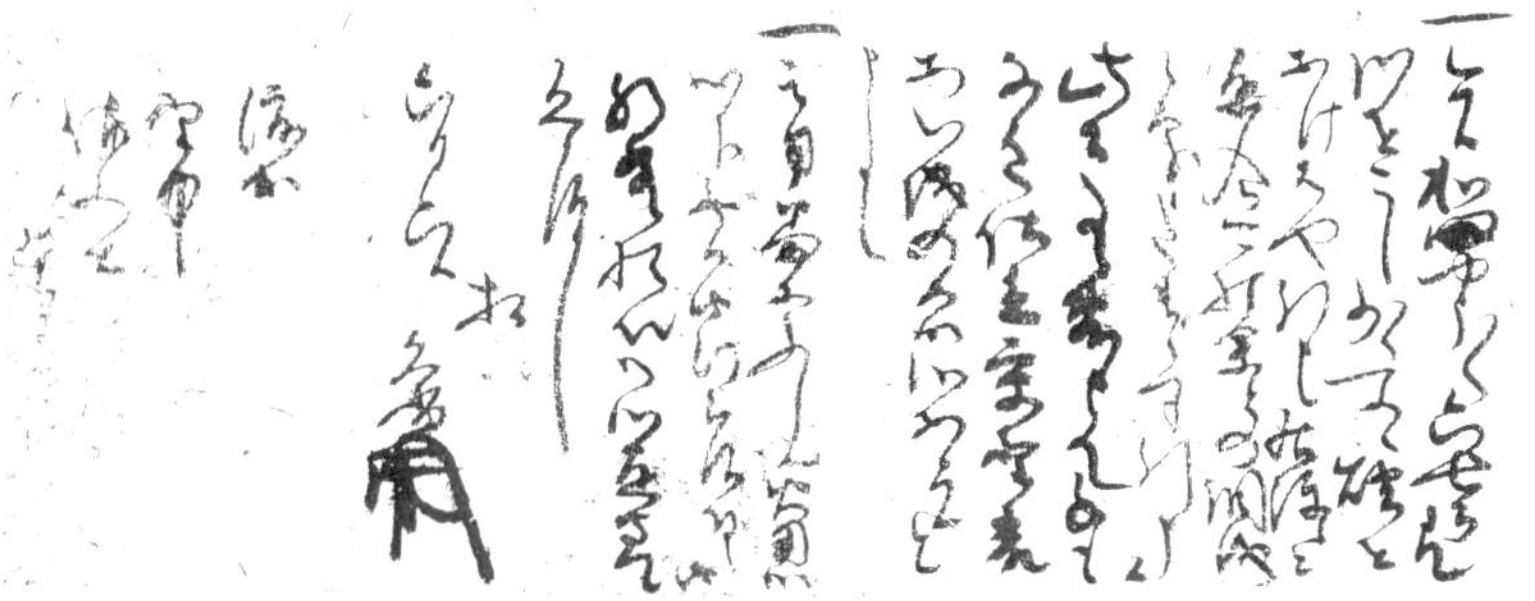

一、今日和田やうく〳〵六七百にて
川をこし、少々所々燈を
あけ、はや引申候。居陣こと
懸合、可討余との調儀
候処、たまらす引申候。
此旨事々敷申候て、手も
なく仕立、交野表
あい儀の衆御あ□□と
申事候
一、其方番等、ふしん火用心
以下無御油断被仰付候由
肝要候。猶以御心懸専一候。
恐々謹言
六月六日　松（松永）久秀（花押）
渡□
野中
佐久間
□□□

松永久秀の書翰（信貴山霊宝館提供）

戦国ドキュメント　松永久秀の真実

第一章　日本近世城郭の開拓者・久秀

●フロイスを驚嘆させた多聞山城

永禄二年（一五五九）八月、松永久秀は、三好長慶の指示を受け、伊丹衆らを引き連れて大和に乱入、筒井氏らの国衆を追い、信貴山城《しぎさんじょう》に入って、以後大和を領国とした。さらに翌永禄三年には多聞山城の築城を始め、大和の領国支配をいっそう強固なものとした。

ここで注目されるのは、多聞山城の目を見張る斬新さである。宣教師のルイス・フロイスの『日本史』（柳谷武夫訳、平凡社刊）の中にこう書かれている。

城壁と保塁のところは、私がかつてキリスト教国で見たことがないほど、いとも白く明るく輝いていた。というのは、彼らは石灰に砂を混じえず、わざわざそのために作る白い紙とだけ混ぜるからである。すべての家屋と保塁は、それまで私が見たうち、もっとも美しく快い瓦で掩われ、黒一色で指二本の厚さがあり、一度葺けば四、五百年は保つ。

白亜に輝く壁と、黒い甍《いらか》の城郭で、それは居館を土塁で囲む中世の城とは明らかに違い、以後の日本の城を特徴づけた白壁の城郭である。ルイス・フロイスの『日本史』には次のような記述もある。

世界にこれほど立派なものありと思われず。入りて宮殿を見るに、人の造りたるものと見えず。

御殿の内部は彫刻、金地で飾られた壁画など豪華なものであった。壁は日本とシナの古い歴史（物語）を描いたもので飾られ、それらの絵を除外すると、その他の空白部はすべて金でできている。柱頭と礎のある柱は、上下とも真鍮製で、同様に塗金され、半ば浮き彫りされた彫刻が施され、金製と見違えるばかり。

城内の庭園と樹木に見られる技巧については、これ以上優雅なものはあり得まいと私には思えた。それがために、日本中から多数の殿たちが、これを見物に来ていた。

また多聞山城には、鉄砲を使って防御・攻撃するために工夫され、数多い銃眼を並べた多聞櫓《やぐら》（多聞造り）が登場している。多聞櫓の名は日本の近世の城郭建築を語るとき、現在も必ず登場する建築様式となっている。さらに後の天守閣を思わせる四層の楼閣も配置されていた。この城が日本の近世築城法の規範となって、わが国の建築様式を大きく塗り変えたことが、うなずける。織田信長も天正二年（一五七四）に、この城に入城しており、めざましい城の姿に感銘を受けたはずだ。安土城の築城は天正四年である。

松永久秀がこれほど斬新な城郭建築を生み出した背景は何であったろうか。久秀の物事を理詰めに捕える西洋的な思考法と、並はずれた美意識が大きく影響していることは十分考えられる。それは南蛮貿易の拠点として栄えた堺港の商人、茶人たちとの交流によって身につけた思考法と美意識の産物ではなかったろうか。

多聞山城入口

天文十八年（一五四九）に三好長慶が江口の戦いで細川晴元方を討ち破って京を制して以来、松永久秀は長慶から行政の実権を委ねられ、長慶の京の代官職を受け持ってきた。ほぼ同じ頃、堺の代官職も任された。永禄元年（一五五八）六角義賢の仲介で、晴元とともに近江に逃れていた将軍義輝は、長慶と和して京に帰った。しかし応仁の乱以来の戦乱で、将軍邸は焼失していた。そこで京の勘解由《かげゆ》小路室町の元斯波《しば》氏の屋敷跡に将軍の新御所の作事が始まっている。京の実務を担当していた松永久秀は、この将軍御所の屋敷造りの采配を振るっている。そのとき身につ

佐保川越しに見る多聞山城址　石垣、石段は昭和23年、若草中学校新設の時に造られたもの。創建時の四層の天守櫓は京都の旧二条城に移築され、石垣の石はほとんどが大和郡山城に移された。

けた建築の知識が、多聞山城築城に生かされ、京の建築技術者の一部が、京から奈良に足を運んだことは十分考えられよう。また奈良には寺社建築専門の宮大工が数多い。京都・奈良の建築専門家の知識が採り入れられ、融合して、日本近世の城郭築造の手本となった多聞山城が登場した。それを差配し、実現したのが松永久秀であった。

さて、ここで多聞山城の地形を見てみよう。多聞山城は昔の奈良町の北側に東西に連なる奈良山（丘陵群）の東南端にあって、東の山際に京街道が走り、南側は春日奥山を源流とする佐保川が流れている。標高一一五メートルのごく低い丘陵である。盆地との標高差は五〇メートルあるか、ないかというところ。しかし高みに登ると、前方に三笠山（若草山）御蓋山《みかさ》（春日山）などの春日連山をバックに、東大寺大仏殿や興福寺五重塔が望まれ、奈良町は一望のうち。大和北部の平地部を支配し、京への往還にも便利な、久秀にとっては絶好の活動の拠点であった。信貴山城が古来の山城であったのに対し、多聞山城は平城に近い平山城であった。元来、丘陵東部に眉間寺という寺があり、西部は聖武天皇・光明皇后の陵墓だった。眉間寺は取り潰されたのではなく、城の西側の代替地に移されたが、明治維新のとき廃寺となっている。松永久秀が潰したのではなく、明治の廃仏毀釈が取り潰したのである。陵墓部は塚のような型で城内にあったものかどうか、陵墓自体は当時のままになっているはずだが、公開されていない。

城跡は、陵墓部を除いてほとんどが現在、市立若草中学になっていて整地されている。昭和二十三年（一九四八）に学校が建設されるまでは、廃城のまま、地形は比較的よく残っていた。奈良町側からの通路には石垣の一部が残っていて、石垣に鉄砲の弾丸の痕跡もあったが、今はその石垣もない。しかし中学校から奈良町を望む眺めは、高層建築もあまりなく、往時とさほど変わってはいない。

●本格的天守閣を初めて持った信貴山城

一方、久秀が最初に大和で手に入れた信貴山城はどんな城であったのだろう。

この城は信貴山朝護孫子寺の北側裏山にあり、大和盆地の西側を塞ぐ生駒山脈と金剛山地の切れ目に面している。その切れ目に大和川が流れ、現在も川の両脇を西名阪自動車道、JR関西本線や近鉄大阪線が走っていて、奈良県と大阪府を結ぶ通路になっている。標高四三七メートル、平地との比高が三四〇メートルあって、徒歩で上るには一般人には少々息切れがする山城である。

歴史を辿ると、天智天皇の朝鮮遠征軍が天智二年（六六三）白村江《はくすきのえ》で敗れて遠征が挫折した後、対馬・筑紫・讃岐など西国各地に城塞が築かれたとき、この地に高安《たかやす》城が建造された。信貴山城はその城内にあり、古代以来の要衝であった。

戦国時代の天文五年（一五三六）に、木沢長政がここに築城、永禄二年（一五五九）に松永久秀が大和に入国してから、今日見られるような大規模な城郭に発展した。久秀は奈良町の直接の押さえのために多聞山城を、河内・大和を合わせて支配する要衝として信貴山城を築いた。二つの城の間を頻繁に往復し、その間二〇キロメートルの連絡路の確保のために龍田城と筒井氏退去後の筒井城を繋ぎ城として用いた。永禄十一年六月、一時筒井勢に攻められて落城したことがあるが、その年九月から十月にかけ、織田勢に援けられて筒井方を一掃し、回復した。松永軍は主力を信貴山城に常置していたもようで、元亀二年（一五七一）八月の辰市城の合戦では、久秀自ら、三好義継らの河内勢も合わせて、一万の大軍を率いてこの城から出陣している。
　現在、空鉢堂のある山頂に城の本丸があったとみられ、ここに天守閣があった。三層あるいは四層の、近世日本城郭建築史上、初期の天守閣であった。
　永正十六年（一五一九）、細川高国と細川家の家督を争っていた細川澄元は、四国・播磨衆を主力に兵庫に上陸して、翌十七年、高国方の瓦林《かわらばやし》政頼の立て籠る越水城、次いで伊丹但馬守の守る伊丹城を攻め落とした。伊丹攻略について『細川両家記』に、

　伊丹但馬守は四方の城戸を閉《とざ》し、家々に火をかけ、天守にて腹を切った。

と書かれている。実は日本の城で、天守の用語が見られる文献上の史料はこれが最初である。天守は天主、殿主、殿守などとも書かれることもあったというが、伊丹城の天守が日本城郭の天守で最初であったとされている。信貴山城の天守閣は、伊丹城に次いで日本で二番目の天守閣であった。

朝護孫子寺の裏山にある信貴山城址。付近に松永郭があった。今も焼け焦げた米飯などが出土する。

　伊丹城の天守が、後の安土城の天守のような壮大な規模をもったものとは考えられず、屋根の上に望楼をかねた造り出しを設

けていたか、望楼としての井楼が天守の名で呼ばれていたのか、明らかではない。ともかく伊丹城が数十年もかかって築城され、原初的な天守をそなえた堅城であったことは、史実として特記されよう。

さて、信貴山城の本丸から西方、河内方面を眺めると、大阪湾の関西国際空港までが見渡せる広々とした眺望が開ける。見通しのよい日は瀬戸内の小豆島《しょうどしま》まで見えるという。東方を眺めると、大和三山《さんざん》（畝傍山《うねびやま》・耳成山《みみなしやま》・天香久山《あまのかぐやま》）が手に取るように見え、大和盆地の南半分が箱庭のよう。摂津・河内と大和に領地を拡げた久秀にとって、これ以上ない根拠地となったであろう。

本丸から下った北東部分に、松永屋敷と呼ばれた階段状の郭が現在も残っている。松永久秀が入城してから新たに屋敷地として開発されたらしいが、城中最大の広さがあり、通常はここに軍勢が常駐していたのであろう。郭の周囲の堀に登山道があり、郭の先端の土塁は射撃の足場となっていた

信貴山城址。二つの峰のうち高いほうが雄岳、低いほうが雌岳。天守閣は雄岳の上にあった。

らしく、攻め落とすのは難しい城構えである。郭群の中に池跡と水の手があり、当然、籠城も考慮されていたようだ。天正五年（一五七七）松永久秀・久通父子が信長に叛いてこの城に籠り、二カ月後の十月十日に落城したが、攻城軍に加わった筒井順慶の忍者部隊が、石山本願寺からの援兵にまぎれ込んで入城、信長軍の総攻撃にあわせて一斉に放火する不測の事態がなければ、城は半年どころか、もっともちこたえたのではないか、と思われる。

第二章　久秀の三悪を検証

松永久秀の人柄を伝えるとき、よく引き合いに出される話がある。

徳川家康が織田信長を訪ねたとき、信長の傍らに松永久秀がいた。信長が久秀を指さしてこう言った。

「徳川殿に紹介しよう。これなるご仁が松永弾正でござる。この老人、これまで人のようせぬことを三つまでしおった。まず将軍を殺害したのが、その一つ。主君の三好家への謀反《むほん》が二つ目。奈良の大仏殿を焚《や》いたのが三つ目でござる。並の者では、その一つでさえなし得ぬことを三つまでやってのけた。まことに、油断のならぬ物騒千万な老人でござる」

ずばりと信長は言って笑った。久秀は冷汗を流して赤面した。

というエピソードである。江戸時代中期に書かれた『常山紀談《じょうざんきだん》』（湯浅常山著）に出ているところだが、この信長・家康・久秀の対面がいつのことであったかは書かれていない。しかし、この文章の後半部分に家康の思い出話が書かれている。元亀元年（一五七〇）信長の越前朝倉攻めのとき、北近江の浅井久政・長政父子が信長に離反した。急遽軍を返した信長軍は、浅井領を避けて琵琶湖西岸の道をとったが、朽木《くつき》谷の朽木信濃守元綱《もとつな》は浅井に味方するのではないかと見られ、撤退軍は進退きわまった。その時、松永久秀が身を挺して朽木城に向かい、朽木元綱を説得、信長軍の通行に協力させたというのである。久秀は信長の前に進み出て、

「元綱は私の以前からの知人です。私が朽木谷に行って味方させます。朽木が私の説得に応ずれば、人質をとって連れ帰り、お迎えに参ります。もし私が帰らなければ、説得が成功せず、朽木と刺し違えて死んだものとお考え下さい」

と言った。久秀の説得は成功して信長軍は朽木谷経由で京に帰ることができたという話である。

この久秀の活躍は『信長公記』などでは全く触れられていないが、徳川家康が、後に近臣に語った話として紹介されている。信長が久秀の三悪を語ったのは、この話の前、信長の北国討ち入りの前のことでなかったろうか。信長はその二年前に足利義昭を奉じて入洛、久秀は信長に名物茶器・九十九髪《つくも》（付藻）茄子《なす》茶入を献じ、人質を入れて帰服し、大和一国の進退を任されている。

この三悪が、松永久秀の戦国下剋上の時代の悪人筆頭とされた要因だが、果たしてその三

悪は久秀の責任であったろうか。久秀の三悪を検証してみると、必ずしも久秀が一方的に悪いとはいえないようだ。

●将軍殺害は主家の仇討ち

まず松永久秀が十三代将軍・足利義輝殺害に加わった事実を掘り下げてみよう。三好長慶の没後間もない時期に、久秀の主家、三好家を支えていた三好三人衆――三好長逸《ながゆき》（下野守）三好政康（日向守、入道釣竿斎）石成《いわなり》友通（主税助）が、三好家執事の久秀とともに、長慶の嗣子・義継を担いで永禄八年（一五六五）五月、突然、二条室町の将軍の邸を一万二千の軍勢で囲み、義輝を殺した。剣豪塚原卜伝から秘伝〝一の太刀〟の伝授を受けていた義輝は、はじめ薙刀《なぎなた》をふるって侵入者数人を殺傷、さらに日本刀十数本を畳に突き立て、刃こぼれした刀を次々に取り替えて侵入者を討ち取ったが、衆寡敵せず、頭に一カ所、顔に二カ所の傷を受け、倒れたところを、どっと折り重なった武者たちに滅多刺しにされて事切れた。この後、御台《みだい》も死し、義輝周辺の侍二百人も、あるいは殺され、あるいは自刃して果てた。

なぜ久秀は将軍殺害に加わったのだろうか――『阿州将裔記』という江戸時代初期に書かれた記録を中心に、将軍襲撃のいきさつを問い直してみよう。実は義輝は表向き実力者の三好氏を立てながら、内心では三好氏を敵視し、一族の柱石であった三好実休《じっきゅう》（長慶の弟）

を殺させた張本人であった。三好氏にとって義輝は一族の仇敵ということになる。永禄四年（一五六一）に将軍義輝の相伴衆となった松永久秀は、三好一族の誰よりも将軍に近く、決して自ら進んで義輝襲撃を進めたのではない気がする。そして将軍周辺の事情に詳しい久秀を味方につけることが、三好三人衆にとって是非とも必要だったのではないか。そのいきさつを語る前に、まず三好家の事情と、四国に追いやられ、平島公方《ひらじまくぼう》と呼ばれた足利義冬の存在、そして長慶の弟で、長慶を裏から支えてきた三好実休（豊前守、義賢）の死について語らなければならない。

『阿州将裔記』によると、足利尊氏から十代目の将軍・義稙《よしたね》の長男に義維《よしつな》（後に義冬）という人がいた。義維の母は阿波の国守・細川讃岐守成元《しげもと》の娘で、仏門に入って清雲院といった。義維を生んだ後、ふと狂乱したようになり、これがもとで将軍と不和になった。義稙はその後、新たに公家から妻を迎えた。新しい御台は義維のことをさまざまに讒言《ざんげん》する。ただでさえ義維に愛情のなかった義稙は、将軍職を新しい御台の生んだ義晴に譲った。筋目からいえば、当然、義稙のあとを継ぐはずだった義維は清雲院といっしょに、天文三年（一五三四）、母の郷里の四国に渡った。淡路にしばらく滞在した後、阿波の平島に住んだ。義維に付き従ったものは、侍分以上十五人、都合三百六十人に上ったという。いずれも義維に忠義浅からざる人たちであったが、居候世帯では、とてもそんな人数を抱えているわけにもいかず、うち侍は六人だけが残って、ほかは暇を出された。この義維が後々足利家の内紛のもととなった平島公方である。

義維（義冬）と義晴の父は『足利季世記』などでは、十一代将軍の義澄（義高と改名）となっている。足利時代に限らないが、日本の武将たちは主君からその名の一字をもらったりして、よく名前を変えている。おまけに足利末期は将軍の権威が失墜して、しばしば将軍が実力者の管領に追い出されたり、自ら京を逃げ出したりしている。十代将軍義稙にいたっては、一度京を逃げ出し、北国各地を渡り歩いた末、周防《すおう》の大内氏を頼り、大内氏に担がれて京を回復した。この間、将軍分家の関東の堀越公方政知《まさとも》の子、義澄が十一代将軍の座に就いている。いったん将軍の座を追われた義稙は、十五年後に再度将軍に復職している。その名も義材《よしき》→義尹《よしただ》→義稙《よしたね》と変えていて『阿州将裔記』の筆者が、義稙と義澄の名を取り違えたとしても同情できる気がする。義澄の子・義晴が十二代将軍を継ぐが、義晴は義稙の養子となって将軍職に就いている。

また同じ三好氏でも、三好元長・長慶父子と三好宗三《そうさん》（政長）は敵味方に分かれてしばしば戦い、同じ細川でも高国と晴元は敵味方、畠山氏も内紛が激しく、応仁の乱は畠山政長と義就《よしなり》の家督争いが発端であった。何度読み返しても、呑み込みが難しく、まことにまぎらわしい。

さて、三好家は足利幕府三管領の一つ、細川家に仕えて武勇の誉れ高く、戦国の頃には相次いで阿波の細川家の執事をつとめ、之長《ゆきなが》とその孫元長は、ともに細川氏の軍勢を率いて京を制したこともあった。元長の嫡男・長慶（一五二二―六四）は天文十八年（一五四九）管領細川晴元の執事として和泉守護職の代官となり、さらに一族の三好政長を破って摂津を収め、入京して将軍・足利義輝（義藤と改名）と管領晴元を追い、京畿一円と四国の半ばを支配した。天文二十一年（一五五二）に義輝と和し、管領の細川晴元を退け、三好氏の全盛時代を築いている。このバックには、三好家執事だった松永久秀の力量が大きく物を言ったと考えられる。

永禄四年（一五六一）には、長慶の嫡男・義長（義興）が将軍義輝から相伴衆に加えてもらい、従四位下に叙せられた。そのお礼に、将軍を自邸に招いている。この時、松永久秀も同じく従四位下に叙せられた。細川家の家臣として将軍の陪臣であった三好氏にとっては、

家の面目天下の聞《きこえ》これに過ぐべからず。

といわれた出来事であった。

長慶のすぐ下の弟に三好義賢という武将がいる。法名を実休といった。阿波の三好に在城し、後に勝瑞城に移った。事あるごとに四国から兵を畿内に送って、兄の長慶を援けた。い

わば三好氏の本国阿波、そして四国の要の役割を果たしていた。天文の末期、阿波守護職の細川讃岐守持隆が宿老たちを呼び集めて、

「平島公方の義冬公（義維）は当国においでになってから久しくなる。いたわしい限りである。皆々の知略をもって義冬公を一度天下様（将軍）にして差し上げたい。どうだろう」

と相談を持ちかけた。集まった面々がもっともなことと、賛同した中に、三好実休一人は、どんな理由からか賛成せず、のみならず気色ばんで持隆を散々にののしった。

持隆はこれに腹を立てて、実休を討ち取って怒りを晴らそうと、近習の侍たちにひそかに相談した。ところがその一人、四宮与吉兵衛という侍が持隆を裏切って、このことを実休に報《しら》せた。そこで実休は、周囲の者に申し付けて、持隆の機嫌を損ねないようにさせ、近間の一族を呼び寄せて勝瑞城の近辺の在所にひそませ、四宮の口から持隆に、

「きょうは暑うございますが、城の北の吉野川の河原は、川風が涼しうございます。ぜひご散歩下さい」

と誘い出させた。持隆が裏切りとは思いも寄らず、天文二十一年（一五五二）八月十九日、見性寺の前に出かけたところを、隠れていた人数がどっと押し寄せ、持隆を取り囲んで、喊《かん》声《せい》をあげた。持隆の周囲は従者が少なく、その者たちも逃げ散って防ぎようもなくなった。

中で星合弥三郎、蓮池清助の二人が踏み留まって、持隆を見性寺の境内に逃げ込ませた。実休が弟の十河一存《かずまさ》に追わせ、ただちに討ち取らせようとしたが、蓮池清助が防ぎ闘うなか、持隆は切腹して果てた。星合弥三郎が介錯し、踏み留まった二人も、義を守ってともに立ち腹で、自らの生命を絶った。

持隆の子に六郎という少年がいた。実休は、

「持隆殿を討ち奉ったのは、わが身の災難を逃れるためだった。六郎殿に恨みはない。この方を主君にあがめよう」

と育て上げた。細川六郎掃部頭真之《かもんのかみさねゆき》がこの少年君主である。持隆を裏切った四宮与吉兵衛は、道をわきまえない不忠者として、翌年の春討たれている。

実休は、持隆を討ち取った後、事件の背景になった平島公方義冬に使いを送って、

「持隆殿の御身を失わせましたけれど、義冬様には関係はございません。御領地はすべて今までと変わりなく、従来どおり当地にお留まり下さい」

と、申し入れた。義冬は、

「持隆殿が亡くなられた以上、どこかへ立退きたい」

と言ったが、使いの者が、

「何とぞお留まり下さい」

と強く申し入れたので、
「それじゃ、追って返事をしよう」
と答えた。持隆が討ち取られたとき、義冬の母の清雲院は、実休の本拠勝瑞城にいた。実休は清雲院を平島に帰らせれば、義冬がどこかへ立ち去るだろうと、そのまま勝瑞城に二年近くも留めおいた。義冬は仕方なく平島に残った。ところが天文二十三年（一五五四）三月に、その清雲院が病気で亡くなった。一周忌が済んだところで義冬が他国に移りたいというので、実休も今度は断りかねて、大船三艘を造って仕度させ、天文二十四年（一五五五）四月十日、義冬は周防へ下った。

供の侍六人のうち一人は上方の様子を調べるため河内に向かい、一人は阿波出身だったので実休に預けられ、残る四人が妻子も連れて周防に従った。周防の国守大内氏は、小原という所に住まいを構えて義冬一党を大切に扱った。義冬は永禄六年（一五六三）の秋まで、ここに居住している。

三好実休が阿波の館・細川持隆を討ち取って後は、細川領は全て実休が引き継いで知行し、三好家の勢威はいよいよ大きくなった。三好家は長慶を中心に畿内各地と四国の半ばを一門が領し、自然天下の支配権を握ることとなった。しかし元来、三好家は細川家の家臣であったため、諸国の守護らが、三好の指示に素直に従うはずもない。将軍義輝も、一時は三好氏から京を追い出されたこともあり、内心強い憎しみを抱いていた。

ここで細川氏、ひいて三好氏と長年にわたって闘いを続けた畠山右衛門督高政が登場する。畠山家といえば、かつての三管領の一つである。高政は前将軍の時から紀州の広《ひろ》という所にいた。将軍義輝がこの高政に、

「三好実休を討て」

と、密書を送った。将軍が各地の実力者に、個人的な構想、戦略を基に、密書を送り続けたのは、将軍の権威が墜ちたこの頃から戦国の常態となっていたようだ。高政にとっては細川家、三好家は畠山家の所領を奪った年来の仇敵である。将軍の指令は、渡りに船であった。早速紀州の諸侍を糾合し、熊野衆や根来《ねごろ》寺の僧兵まで集めて、その勢力は一万五千騎にも上った。

永禄五年（一五六〇）二月下旬、高政軍は紀州を発って泉州岸和田の城を攻めた。実はこの攻撃は阿波の本拠から実休をおびき出すための計略であった。岸和田の城は実休が上洛するときの宿舎となっていた城で、平時は実休の弟の安宅《あたぎ》摂津守冬康が守っていた。案の定、報せを受けて、阿波から実休が兵を引き連れて、攻撃軍の後方に陣を敷いて後巻《あとまき》をした。実休側は畠山高政が、これほどの大軍を擁して押し寄せたとは、気づかなかったらしい。攻撃軍の主力を温存していた高政は、城近くの久米田の一戦で一気に主力を押し出してきた。戦

況不利となって、実休はこの年三月五日に敗死した。実休の死は鉄砲の弾にあたったという説もある。

この戦いで畠山高政は、にわかに運を開いて、以後、三好軍にしばしば戦いを挑み、かつての勢威を回復した。やがて高政の挙兵は将軍義輝の差し金であったことが明らかになってくる。実休の討ち死には三好一族にとっては大きなショックである。一族の代表者は長慶であるが、軍事力と組織は実休に負うところが大きかった。その実休が将軍の差し金で討ち取られたとあっては、一族の行く末は不安に満ちてくる。しかも二年後の永禄七年には一家の代表・三好長慶も飯盛城で没した。その前から長慶は重い気鬱《きうつ》の病にかかって心気朦朧となっていた。三好一族は将来の不安を前にしばしば集って合議を持った。その中心となったのは三好長逸、三好政康（日向守）と石成《いわなり》友通の三好三人衆であった。席上には執事をつとめる松永久秀も招かれたであろう。三好家にとって義輝は仇敵である。退陣させたいが、自ら退くような将軍ではなかった。

●三好氏、平島公方を担ぐ

ここで平島公方・義冬の存在が蘇る。義冬を将軍に据えれば一族の今後は安心できる。その義冬は周防にいた。

そこで永禄六年（一五六三）の秋、三好三人衆の筆頭・三好日向守が周防に出向き義冬を訪ねた。

「細川持隆殿が実休に討たれて相果てられたため、義冬様が周防へお下りになられたのは、私どもとしては面目ないことでございます。持隆殿を討った実休は、天命でしょうか、畠山高政に討ち果たされました。実休は悪逆の者で、義冬様がお憎みあるのはごもっともですが、私どもまでお憎みなさるのは筋違いでございます。いまや時節が到来いたしました。このうえは三好一家として兵を起こし、義冬様を将軍に仰ぎたい考えです。そうなれば三好一族も安堵できます。しかしながら義冬様が遠国におられては、ご評議もできないので、まず阿波にお帰り下さい。実休の長男・彦次郎長治は、将軍義輝を親の仇と思っております。義冬様には決して別心はありません。どうか早々に阿波にお発ち下さい。私はそのため一家を代表してお迎えに上がりました」

と、誠意をこめて説いた。義冬は、この話に満足して、すぐに納得したが、

「ひとまず大内家に知らせなければ」

と、早速連絡をとった。大内側ももっともとは思ったが、

「他家の裁量で義冬様を将軍に立てれば、大内の外聞がよくない」

と考え、

「われら事情はわかっておりますが、このたびは、お留まり下さい」

と、阿波行きを留めた。義冬も日向守も、仕方なく、日向守はいったん引き揚げることとし、湊《みなと》へ向かった。義冬は名残り惜しく思い、息子の義親（後の十四代将軍、義栄《よしひで》）と二人、船着き場まで送った。この時、日向守は、

「今一度、お話ししておきたいことがございます。恐れながら、少しの間船においで下さい」

と、義冬を船にさそった。義冬が何気なく親子連れ立って乗船したところで、日向守がかねて言いふくめていたとおり、家来たちは、そのまま船を押し出した。義冬も阿波への出立は了解していたことなので、仕方なく船中の人となった。

それにしても、まるで拉致である。これはあまりにも強引なやり方であった。永禄六年秋、足利義輝殺害の二年前のことだった。田舎侍三好衆の行動には、こうした強引さがつきまとう。義輝殺害は突然のことのように思われがちだが、実は二年前のこの時点で、明らかに筋書きは出来上がっていたわけである。計画の主体は三好一族、中でも三好三人衆である。松永久秀は、その片棒を担がされたに過ぎない。そして三好一族にとっては、ここまで思い切った凶行をさせる、それなりの根拠はあったのである。そのことは周防に義冬を訪ねた日向守の申し立ての中に、明らかに述べられている。

義冬は以前にも、大永《だいえい》七年（一五二七）二月、十二代将軍義晴が、後ろ楯の管領・細川高国とともに、柳本賢治《やなぎもとかたはる》に追われて近江に奔《はし》った後、三好長慶の父・元長に奉ぜられて和泉国に入り、従五位下左馬頭に叙任、次期将軍と目され、堺公方と呼ばれた時期があった。しかし元長が天文元年（一五三二）本願寺教徒らに囲まれて堺で切腹した後、義冬は生命からがら平島に逃げ帰っている。この時、義維を義冬と改名した。その後も上洛を企てたが実現せず、将軍就任は果たせなかった。周防から阿波に帰った後、嫡男の義親（義栄《よしひで》）が摂津に渡り、永禄十一年（一五六八）に征夷大将軍（十四代）に任ぜられたが、入京は果たせないまま、間もなく富田で病没している。

さて、義輝殺害であるが、義輝は三好家にとって、一族の柱であった実体を討った仇敵であった。松永久秀は、長慶の没後一族をリードする三好三人衆に同調して将軍殺害に加わったのは事実だが、自らは気がすすまなかったのではないか。将軍邸を取り囲んだ軍兵の指揮には自らは出陣せず、嫡男の久通に代行させている。主君の仇を討ったあの赤穂義士の頭目、大石内蔵助が忠臣であるなら、主家三好家の仇を討った松永久秀は、忠臣と呼ばれないまでも、逆賊と決めつけるのは気の毒というほかはない。

松永久秀は将軍義輝殺害後、三好三人衆と対立して、摂津・河内・大和でしばしば戦いを繰り返している。そんな中で三人衆は平島公方義冬の嫡子・義栄を担いで、将軍の位に就けることに成功している。その義栄は、永禄八年末に三人衆の求めに応じて、久秀追討の命令書を下している。久秀が義輝殺害の中心人物であれば、義輝死去で将軍になれた義栄が久秀追討を命ずるはずはないと考えられるから、義輝殺害の筋書きは、三人衆が書いたもので、久秀は家宰《かさい》の立場から、これに同調したに過ぎないことが推定できよう。

●主家に謀叛《むほん》は内輪もめ

二つ目の久秀の悪事、主家への謀叛とは何を指すのであろうか。久秀は主君三好長慶には、終始誠意を尽くしてきた。謀叛というのは長慶没後、つまり永禄七年、長慶が河内飯盛城で没し、養子の義継（重存）が跡を継いで以後、久秀が三好三人衆と争った三好家内部の勢力争いのごたごたを指すのであろうか。あるいは長慶が病没する前年の永禄六年八月二十五日に、長慶の嫡男、義興（義長と改名）が二十二歳の若さで死去しており、久秀による毒殺という世評があった。そのことを指すのであろうか。

まず義興毒殺説である。三好長慶は永禄四年頃から病気だった気配がある。実休が討ち死にした久米田の敗戦後の復仇《ふっきゅう》戦にも出陣した気配がない。特に一子、義興の死後は恍惚の人となっていたといわれる。義興の死について『足利季世記』には、筑前守義興、芥川城に於て御早世あり。黄疸という病起こり、たちまちかくれ給いけり。召しつかう輩の中より食物に毒を入れ奉り、かく逝去ありと後に聞こえけり。また松永の仕わざとも申しける。

とある。さらに

義興頓死せられし故に諸人の雑説止まざりけり。（中略）或説に義興在世の世、久秀の佞奸《ねいかん》を悪《にく》んで、彼を誅伐すべき由、時々父長慶を諫《いさ》められしに、さして罪科も見えぬ者を今更誅伐するは如何あらんと、暫しためらい居給う処に、如何にしてか洩れたりけん、此の事久秀伝え聞きて義興を毒殺せりともいえり。

と、その雑説を紹介している。久秀が先手を打ったという世評である。義興に子がなかったので、長慶は末弟の十河一存《そごうかずまさ》の子、義重（義継）を養子に迎えた。

そして永禄七年（一五六四）五月、長慶は四人兄弟の中で、長慶以外に一人だけ残った弟の安宅《あたぎ》冬康を飯盛城に呼び寄せ、座敷に入った十八人の従者もろともに殺害している。冬康は三十九歳、久秀の讒言《ざんげん》のせいだともいわれている。久秀が冬康のことを、

「逆臣の聞えあり」「謀叛の野心あり」

などと進言したというのである。長慶としては若年の義継のために、冬康の存在を考えなければならなかったのかもしれない。源頼朝と弟範頼、足利尊氏と弟直義、後の豊臣秀吉と

養嗣秀次に似ている。

　長慶自身の死も、久秀が毒を盛ったという説さえ出た。長慶の晩年、三好家に不幸が相次いだことは事実だが、どれもこれも久秀のせいだという話は、あまりに出来すぎであろう。それだけ世評が流れれば、続けて久秀が仕組むのは難しいだろうし、それが容易に可能なら、なぜ将軍義輝も、あんな大げさな殺し方をせず、毒殺しなかったのだろうか、という疑問が湧く。

　三好家は大族であったから、これだけ不幸が続いた後も、三好三人衆はじめ、四国の一族は活動していたのだから、一人、二人に毒を盛ったところで、主家を亡ぼすことは不可能の業であった。長慶の死後、松永久秀の勢力、影響力が増大したのは事実だが、毒殺説は、三好側の疑心暗鬼ではなかったろうか。

　長慶の嫡子、義興の死後、松永久秀が毒を盛ったという話が、京をはじめ摂津、河内などでいっせいに流れたことから、当時三好氏と対立していた近江の六角氏が、配下の甲賀忍者を使って流させた情報戦だという説もある。

　久秀にはいま一つ毒殺説があった。平島公方・足利義冬《よしふゆ》（義維《よしつな》）の嫡子で、足利十四代将軍になった義栄《よしひで》の死についてである。松永久秀の従弟に松永喜内という若者がいた。浪人して大和の宇陀にいたのを、久秀が口を利いて義栄の従者にした。ところが義栄の命に従わなかったため、手討ちにされた。これが原因で久秀と義栄は不仲になった。たまたま永禄九年（一五六六）十月、その義栄が四国の撫養《むや》で病気になり亡くなった。この時に立った噂が久秀の毒殺説であった。しかし『阿州将裔記』は、

義栄の逝去、弾正が毒を与えけるという沙汰あり。然れども実事にては、有るまじきなり。

と、否定している。撫養といえば四国である。畿内でこそ勢力のあった久秀である。四国にまで人を遣って毒を盛るとは考え難い。

次にいま一つ、久秀の主家謀叛とされる三好三人衆との抗争について振り返ってみよう。長慶没後、久秀は三好三人衆としばしば対立、戦いを繰り返している。しかし、初め三人衆の側にいた長慶の養子・義継が、永禄十年二月三人衆のもとを離れ、久秀を頼ってきた。久秀と義継は、三人衆と袂を分かち協同して戦っている。三好家当主は義継だから、謀叛はむしろ三人衆ではないだろうか。

さらに信長の入京後、十五代将軍義昭の口利きで、三人衆と久秀が仲直りした時期もあった。これは謀叛というより三好家内部の駆け引きで、久秀が三人衆と衝突したとしても、謀叛とは言い切れまい。

●大仏殿焼亡は三好三人衆の罪

永禄七年（一五六四）、三好長慶が河内飯盛城で死去して後、しばらくは三好三人衆と松永久秀の仲は悪くなかった。足利将軍義輝を討ったのも、長慶の養子・義継を立てての共同行動であった。ところが、その直後から三人衆と久秀の間はにわかに険悪となる。特に三人衆が、久秀にとって生涯の仇敵である大和の筒井順慶と組んで、松永討伐の戦いを仕掛けるようになって、次第に対立は深刻化していった。その頂点が永禄十年（一五六七）の奈良の陣であった。

この年四月十八日、三人衆は一万余の軍勢で奈良町近辺に陣取った。三人衆の軍勢は東大寺念仏堂（鐘楼の隣）を本陣とし、松永方の兵は東大寺戒壇院に立て籠って対峙した。三人衆方は、元来奈良育ちの軍勢でないため、由緒ある寺々の建物を平気で利用し、興福寺の五重塔や、東大寺の南大門に上って鉄砲を放ち、奈良の町はたちまち合戦の巷と化していった。

大仏殿炎上のいきさつについて『大和軍記』（『大和記』）には、

三好が東大寺の大仏殿を本陣に着陣した。久秀が夜戦を仕掛けたところ、三好側が敗北して数多く討ち死にした。この時、思いがけず鉄砲の火薬に火が移り、大仏殿その他堂塔が炎上した。

と書かれている。

また『多聞院日記』には、

　東大寺大仏殿の三好三人衆の陣へ、多聞山城から攻撃を仕かけ、合戦が繰り返される中で、兵火が穀屋から法花堂へ、ついで大仏殿廻廊に移り丑の刻（午前二時）には大仏殿が焼亡し、猛火天に満ち、さながら雷電のごとし。一時に燃え上がり、釈迦像（大仏＝盧遮那《るしゃな》仏）も湯にならせ給う。

とある。三好・松永の攻防の中で、三好方が火薬庫代わりに使っていた大仏殿廻廊に火が回り、爆発して、大仏殿が一気に燃え上がったというわけである。

また『足利季世紀』には大仏殿炎上のいきさつについて次のように書かれている。

　三好軍の小屋は大仏殿の周囲に薦《こも》を張って建っていた。誤って火が燃えつき、戦の最中のことであったため、消そうという余裕がなく、堂内に燃え上がり、大仏殿が焼失した。

ここで大変気になる記録がある。戦国時代末期に日本にやって来たキリスト教の司祭・ルイス・フロイスの書き残した『日本史』（柳谷武夫訳）の中にある次の一節である。

　修士のルイス・デ・アルメイダが畿内を離れた数年後、弾正殿はあの多聞山城で包囲された。包囲軍の大部分は東大寺の大仏殿と、この寺院のあらゆる所に宿営した。その中にわれわれの仲間によく知られた勇敢な兵《つわもの》がいて、キリスト教の主だけにふさわしい礼拝と崇敬とに熱心のあまり、キリスト教の司祭や指導者に勧められたわけでもないのに、夜自分が見張り番になったとき、こっそり寺に火をつけた。このため大仏殿はじめ、そこにあったものは残らずまる焼けになった。ずっと離れた所にあった南大門と鐘楼以外は何も残らなかった。丹波の国と河内の国とでは、その夜、火の手と焔が、山越しに上空に立ち上るのが見えた。

ルイス・フロイスの記述によると、大仏殿を焼いたのは、多聞山城を包囲した三好三人衆側の軍勢の中にいた、キリスト教徒の兵士であった、というのである。大仏殿焼亡の記録の中では唯一放火者について述べられている記録で、信憑性は高い。

いずれにせよ、三好軍兵士の過失説、キリスト教徒説とも、松永久秀にとっては無実である。

松永方が意図して大仏殿を焼いたという記録はない。合戦の中で、思いがけない大事が出《しゅっ》来《たい》したというのが真相だろう。

戦国時代、東大寺周辺は幾度となく火災に遭っている。中でも永正五年（一五〇八）の東大寺の火災は大きかった。『後法成寺関白記』に、

去る三月十八日夜半前、東大寺東室より火事出来《しゅったい》、講堂・北室・西室その他諸堂こ

とごとく炎上……。言語道断なり。大仏殿ばかり相残る……。女房水を汲みて、かたげて大仏殿に昇り、彼の仏殿の火事を消す……。奇異の義なり。

とある。大仏殿への飛び火を防ぐために女房たちが水を汲み、桶をかついで大仏殿に上り、消火に活躍したというのである。周囲の仏殿が燃えても、大仏殿が炎上するということは、通常の火災では考えられないことである。奈良の陣でも、大仏殿廻廊の火薬の爆発で一気に火が回ったからこそ、大仏殿は焼けたのであろう。とすれば、廻廊を火薬庫に使った三好三人衆方にこそ非があるといえよう。

松永方が放火して焼けたのではなく、罪があるとしても、過失により、大火を招いたものだろう。まして久秀が指示して大仏殿を焼いたということはあり得ない。比叡山延暦寺を焼き討ちし、山内の僧俗を皆殺しにした信長と違って、久秀はどちらかというと、敬虔な日蓮宗の仏教徒であった。京都時代、日蓮宗の寺同士の争いを仲立ちして和解させたこともあった。

●織田信長のヒナ型・久秀

以上久秀の三悪について、久秀は確かに関わりがあったのは事実だが、犯意なきは罰せず、とすれば、久秀に犯意はなく、戦国随一の悪人とされてきた従来の評価は酷というものでなかろうか。

「通常の者では、ようなし得ぬことを、三つまでやってのけた」と、久秀を紹介した信長だが、①自ら担いで入京した将軍義昭を追放し、②主筋の尾張守護の斯波氏を国外に追い、守護代の織田本家を乗っ取り、③仏教の聖地・叡山を潰滅させた信長こそ、通常の者ではなし得ぬことを三つまでやってのけた張本人ではなかったろうか。

合理性に富み、中世の古い伝統を打ち破った点で、久秀と信長はあまりにも共通点が多い。決定的に違うのは、久秀が最後に挫折し、信長が日本統一と中世脱出の道すじをつけるのに成功したこと、失敗者と成功者の差ではなかったろうか。信長が家康に告げた悪口は、むしろ久秀へのひそかな共感を秘めていたとも考えられるのである。

天正五年（一五七七）八月、松永久秀は信長軍の一翼を担って石山本願寺包囲陣の天王寺砦を守っていたが、にわかに陣を撤して信貴山城に立て籠もった。この年七月、上杉謙信が大軍を率いて能登に出兵し、謙信上洛のうわさが立った。天正元年武田信玄が病死して以後、天下人への階段をかけのぼっていた織田信長にとって最大の危機であった。信長は全軍を北陸路に投入して謙信の侵攻に備えた。久秀は間もなく謙信が大軍を率いて上洛するにちがいないと読み、これに呼応して信長を討とうと計算したのであろう。しかし、その計算は狂いを生じ、謙信軍が突然、越後に引き揚げてしまった。小田原の北条氏が上野《こうずけ》に侵攻したので、急遽本国守備のため帰国したのであった。久秀にとっては致命的な誤算であった。

久秀は武田信玄の上洛をあてにして、元亀三年（一五七二）にも、信長に叛旗をひるがえしている。その時は多聞山城を献上することで許されており、こんどの反乱は二度目であった。信長はしかし、

「何故の反逆か。理由を申してみよ」

と、詰問使を派遣してきたが、久秀は会おうともせず、傲然《ごうぜん》と追い返している。攻防戦の末、落城寸前となったとき、信長はさらに使者を送って、

「貴殿秘蔵の平蜘蛛《ひらぐも》の釜は、天下に聞こえた名器である。城とともに滅びさせるのは惜しい。当方にお渡しあれば、貴殿の一命は保証しよう」

と言わせている。即断即決、敵を容赦しない信長にしては、未練がましい申し入れである。名物茶器への思い入れよりも、この時、信長は久秀を生かしておきたかったのではないかという気がする。久秀はすでに十三代将軍義輝を京から追って、京の治政を取りしきった実績がある。信長もこの時、自ら担いで京に上った十五代将軍義昭の副将軍就任の申し出を断り、義昭を京から追放している。似たような二人である。信長としては、将軍不在の京をどう維持していくか、久秀の考えを聞いて参考にしたかったのではないかという気がする。

先に述べたように久秀の三悪は、そのまま信長が実行している。合理性に富んだものの考

え方もよく似ている。久秀は、天下取りを実現した信長のヒナ型といえるかもしれない。だからこそ、信貴山城にこもった久秀に再度にわたって助命のさそいをしたのではないだろうか。

第三章　松永久秀――その人物像

●久秀の出自

松永久秀は没年が天正五年（一五七七）六十八歳ということから、生年は永正七年（一五一〇）、生まれは阿波、近江あるいは京都西郊の西ケ岡の商人の出ともいわれるが、明らかではない。丹波の出身という説もある。西ケ岡の商人の出という説が一番強いが、商人という階層が日本に定着したのは戦国時代の末期とみられるところから、これも眉つばというほかない。

戦国時代までは農民が戦場に出たり、禄を離れた武士が商人になったりという身分の異動は、比較的自由に行われていた。だからこそ、農民の子に生まれた豊臣秀吉が、行商まがいの仕事をしたり、武家社会に入り込み、器量を買われて次第に出世を重ねていくことができたのである。士農工商の身分制度が固まったのは、徳川時代に入ってからであろう。これまで久秀の出自が書かれたものは、素性の知れない、いかがわしい存在といった印象の文章が多かった。しかしそれは、久秀の一人息子の久通が、父とともに討ち死にして直系の家が絶えたため、出自を伝える家記の類の証拠が、ほとんど失われたせいである。調べを進めるにつれ、松永家は京都周辺で上流社会に近い、ひとかどの家柄であったという推理が強まってきた。

徳川時代の初期に活躍、俳諧の祖とされる松永貞徳という人がいる。徳川時代には松永久秀の孫とされたこともあったが、その後の研究から縁続きではあるが、孫ではないことが明らかになっている。昭和二十八年（一九五三）に刊行された『松永貞徳の研究』（小高敏郎著、至文堂刊）という学術書に松永家の家柄を推定した家系図が出ている。

カギは久秀の大叔母にあたる妙精という女性である。妙精は鎌倉時代から続いた武将の家、入江家に嫁して盛重の妻となった。入江氏は『太平記』にも出て来る駿河の名門の豪族だったが、足利尊氏から摂津の高槻城を与えられ、駿河から摂津に移り、子孫は長くこの地に住んでいた。高槻は西国から京都への入口で、交通の要衝である。後にキリシタン大名で知られる高山右近がいたこともある。盛重は威を近隣に振るうだけで満足せず、細川家に属して摂津、和泉、河内などの兵を率いて入洛を計り、京洛の兵と力戦奮闘したが、ついに敗れて洛北舟岡山で自刃した。細川家の内訌《ないこう》で、一方の主将だった細川政賢が舟岡山で戦死する舟岡山の戦いがあった。永正八年（一五一一）のことである。盛重の討ち死にはその時のことであろう。

盛重の没後、その子政重は高槻の城を継いだが、数年後、国の内外に争乱があり、賊徒のため横死した。死に臨んで、

「私の跡継ぎがもし武士で立つのでなければ、入江姓を改めて、母方の松永の氏を継ぐように」

と遺言した。遺言を残した理由は明らかではないが、子の永種は以後、松永姓を名乗ることになる。永種の子、つまり盛重と妙精の曽孫が松永貞徳である。

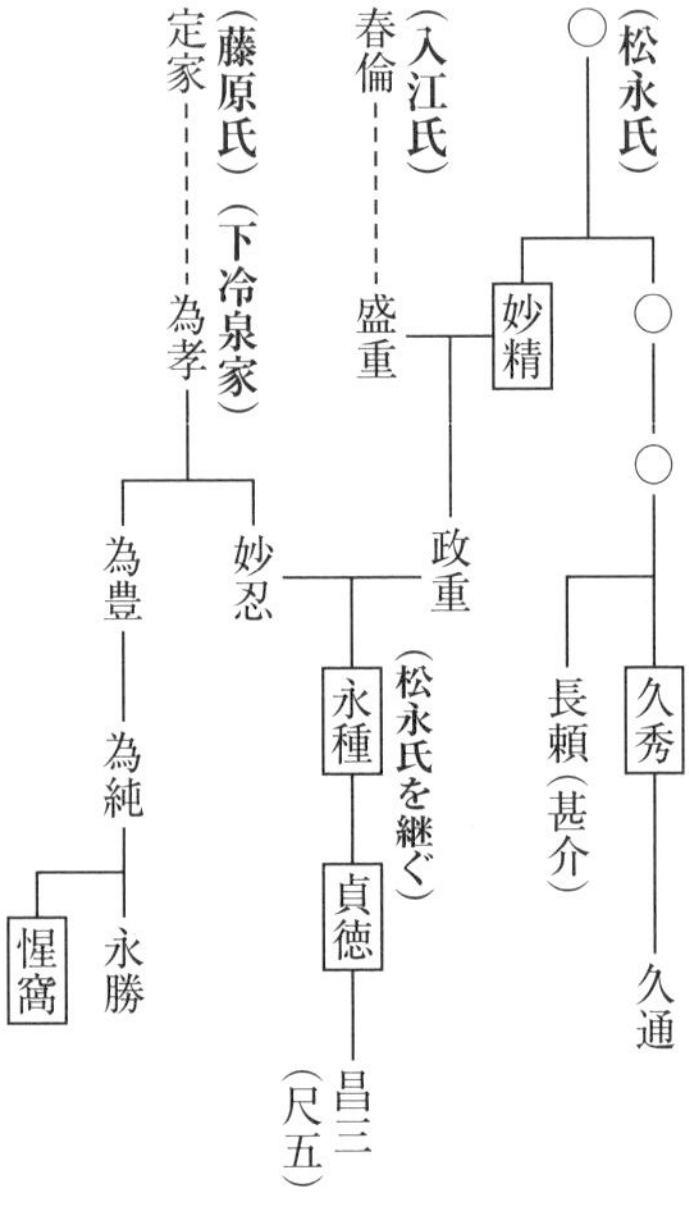

（『松永貞徳の研究』小高敏郎著より）

永種の母は下冷泉家藤原為孝の娘で妙忍という。下冷泉家は藤原定家を遠祖とする名家で、妙忍の甥の子が徳川時代初期の儒学の大家、藤原惺窩《せいか》であった。まことに華麗な家柄である。入江氏や下冷泉家との縁につながる松永一族も、京都

周辺のそれなりの家柄ではなかったか、と推定される。久秀は初め三好長慶の右筆《ゆうひつ》を務めたが、文盲の多かった当時、字の読み書きができるのは上層階級の子弟に限られていた。右筆を務めるには、かなりの素養が必要とされたに違いない。

父の遺言で松永の家名を継いだ永種は、父の死から二年後に母とも死別したため、祖母の妙精に養われた。このことが松永姓を継ぐことになった直接の理由だったのかもしれない。天文十三年（一五四四）七歳の時、臨済宗大本山東福寺の僧籍に入れられた。

「入江一族は、とかく代々討ち死にで早世している。この子を沙門となして先祖の跡を訪わせたい、と細川常桓（高国）に申し出て、恵日山（東福寺）の喝食《かっしき》とした」

という。貞徳の子、昌三（尺五）が書いたとされる松永家の「家譜」に書かれているところだが、東福寺に入った永種は、

「廿日に法華経一部を読みおぼえしほどの智恵なれば、文殊喝食と世に申せし人なる」

とある。神童の誉れを得たわけだ。早熟で年少時から、その書には天稟の妙があって、書法には一見識あるはずの五山の僧たちを感心させた。名族旧家の血は芸術的資質を伝えることが多いといわれる。後世を嘱望されたが、永種は数年後に東福寺を去って播州に下り、日蓮宗の寺に移っている。この改宗は祖母妙精が日蓮宗に改宗し、永種も改宗させようと、突然、東福寺から連れ出して、そのまま播州まで連れて行ったものであった。東福寺では、少

年の姿が見えないのに驚き、井戸にでも落ちたかと、大騒ぎになり、この秀才少年の失踪を嘆き悲しんだという。

播州は入江家と関係のある土地だったので、親戚に一応勢力のある人物がいて、その人物を頼ったものらしい。さらに播州の日蓮宗の寺から、京都の本国寺（日蓮宗）へ移籍し、弘治三年（一五五七）に還俗して三条衣棚（高棚南町）に住んだ。還俗後、谷宗養門で連歌を学び、連歌師として頭角をあらわした。当時、遠縁の松永久秀はまだ健在で、入江氏もその一族が一時、高槻の城に戻ったこともあり、永種はそれらの縁戚の有力者から援助を受けていたのかもしれない。武家の有力者が連歌会を開くことはしばしばあり、武家と連歌師の繋がりは、身分を越えて密接だったようだ。

貞徳は元亀二年（一五七一）に京都三条衣棚で生まれた。翌々年、貞徳が二歳の天正元年三月、京都に騒乱が起きた。それまで織田信長と手を握っていた足利義昭は、三好義継、松永久秀らと手を結び、信長を討とうとした。尾張に帰っていた信長は、急ぎ京に上って四月四日、二条室町の将軍邸を囲んだ。四人の子らとともに穏やかに暮らしていた永種夫妻の家庭も争乱の巻き添えを食うことになった。戦火に焼かれ、手当たり次第の掠奪が目に見えている。こうした事態に対処するため、京の住民たちは勢力の強い側と結ぶのが常であった。しかしこの時は、さてどちらが強いかはわからない。協議に集まった上京の町の年寄りたちは、義昭側に内々通じることを申し合わせた。尾張の田舎から出て来た成り上がりの信長より、親しみのある将軍義昭の肩を持つことになったのであろう。だが、当時の京都にも、現代の東京の山の手・下町のような気風の違いがあった。同じ町民でも上京は公卿や上流階級を得意先とし、下京の町民たちは、より庶民性が強かったらしい。この時、下京の人たちは、ひそかに信長に通じた。永種の家のあった三条衣棚は下京に入っていた。

貞徳はまだ二歳だから、このいきさつを憶えているはずはないが、後に周囲から話を聞いたのであろう。貞徳の書いた『戴恩記』にこう書かれている。

この乱で下京が残ったのは、年寄ども寄り合い、

「公方衆には内緒で、信長公に御礼しなければならない」

と、申し合わせたからであった。十四屋隆正という者が、家に鶴を飼っていたので、これを樽詰めにして、赤飯といっしょに、柴田修理亮殿を通して進上した。鶴は目出たいものだから、信長公は機嫌よく納められ、

「道中の土民百姓らに、いそぎ京に上り乱入せよ、と言い付けたので、やがて来るだろう。その際、下京は用捨せよ」

と仰せられた。また上京が将軍をひいきして、乱入を防ぐ手立てをしたことを憎まれ、数万の物盗りたちを差しつかわされたので、あるいは土蔵を破られ、あるいは打ち殺され、

あるいは方々に放火されて一軒残らず焼け、煙の中に泣きわめく声、まさに生き地獄であった。下京は乱暴はされなかったが、財宝は田舎に隠し、縁を頼って老人子どもを避難させた。走り惑う子どもを逆さに背負って逃げる有様であった。
貞徳一家も、子連れで北山の畑というところに逃げた。

路次の難儀は言葉では言えない。中でもある川辺に着いたところ、流れが急で、渡ることなど思いもよらない。やっと細い橋を見つけ、母が幼い子を右の手にかかえ、六歳になった姉を左手でひいて、横歩きでそろそろと渡ったのを、こちらの岸で父が、やはり前後に子供を抱いて見ていたが、その顔色は、下の水より青かったと、後に母が語っていた。
貞徳はこのように殺伐な時代に生まれ、このような世相の中で青少年期を送った。京都の騒乱は七月には落ち着き、三日にはこの頃の連歌の大御所・里村紹巴《じょうは》らとともに永種も加わって百韻興行が行われている。

天正五年（一五七七）、貞徳七歳の時、兄の熊寿が日蓮宗の妙覚寺に入った。兄の入寺で貞徳が父の後を継ぐことになった。この年、松永久秀が信貴山城に拠って、再び信長に叛《そむ》いたが、敗れて自刃《じじん》している。久秀と永種は、当然、同じ世代の縁続きとして直接交渉はあったとみられる。信貴山城攻撃軍には、永種の友人の武将・細川幽斎も加わっていた。

天正九年ごろ、貞徳は九条稙通について和歌や歌学、また『源氏物語』の講義を聞き始めている。九条家は五摂家の一つだから、京の一般庶民には神様のような存在である。特に源氏物語研究については、自他ともに許す第一人者であった。貞徳はまだ十一歳であった。翌年二月、永種が貞徳のために源氏竟宴《きょうえん》の会を開いている。貞徳が稙通から源氏の秘伝を授かり終わったのを祝って上京《かみぎょう》、妙蓮寺の大坊で開かれたものである。貞徳も父永種譲りの早熟の才があったのであろう。この席には師の九条稙通をはじめ、細川幽斎、前田玄以ら有力な武将たちも同席、その時の連歌が残っている。幼名勝熊といった貞徳も同席している。連歌師と武将との密接な繋がりが想像され、ひいて松永家の家格が想像される出来事である。少年貞徳にとって、初めての連歌の席ではなかったろうか。

貞徳は当時の連歌界の第一人者、里村紹巴の下で連歌の道に励んだが、約五年ぐらいで、連歌から離れていく。以後は細川幽斎に和歌を学び、学問修業を続けていたらしい。

俳諧が文学の中の一つのジャンルとして認められるようになったのは、寛永六年(一六二九)か七年ごろからのことである。貞徳はその俳壇の全国の総元締的な地位を与えられた。徳川幕府もすでに三代将軍家光の時代で、貞徳は五十九歳であった。貞徳はこの頃盛んに俳諧に没頭、その作品は寛永八年に刊行された『犬子集』や『俳諧発句帳』などの俳書に収められている。

これはこれはとばかり花の吉野山

という著名な句は貞徳の代表的な句である。貞門俳諧はやがて松尾芭蕉の蕉門俳諧に引き継がれて花開く。貞徳は承応二年（一六五三）に生涯を閉じた。八十三歳、当時としては稀に見る長寿であった。

貞徳の一人息子が松永昌三（尺五《せきご》）である。昌三は遠縁の藤原惺窩に学んだ儒学者で、林羅山と並んで惺窩門の林松二子と称せられた。羅山は幕府に仕え、林家官学を確立し、華々しい生涯を送った。昌三は加賀の前田家に出講したこともあるが、終始京都に居を構えて教育者として優れた実績を残した。受業の徒前後五千人と称せられ、門下の中から木下順庵、貝原益軒、冷泉為景といった優れた儒学者を輩出している。

松永家は貞徳、昌三以後も京都で私塾を続け、その私塾は明治の頃まで、三百年近くも続いた。

松永久秀以前の松永家の系譜は明らかではないが、以後の系譜はよく残っている。以後の系譜から以前の松永家の家柄を推測すれば、松永家は京都周辺のひとかどの家柄といえるのではなかろうか。

●教養人久秀

久秀は、多聞山城の建築で、日本の近世城郭の道を開いたが、和歌・連歌の嗜《たしな》みもあり、茶の湯の道にも名を残した教養人だった。茶の湯の世界では、名物、大名物といわれる由緒ある茶道具を数多く所持することが、その人の茶道の位を決める一つの要素とされている。

久秀はそうした名物茶器を数多く所持していた。永禄十一年（一五六八）、織田信長が足利義昭を奉じて入京したとき、信長に大名物の九十九髪《つくも》（付藻）茄子《なす》茶入を献じて信長の配下に入ったことはよく知られている。この茶入は足利八代将軍で東山文化を築いた義政が持っていた茶器といわれる。また天正五年（一五七七）、信長に叛いて信貴山城に拠ったとき、信長は嫡男・信忠に大軍を率いて攻めさせたが、この時、久秀に人をやって、

「大名物の平蜘蛛の釜を献じて降伏すれば、生命は助けよう」

と、伝えた。久秀は、

「平蜘蛛の釜は渡せない」

と、自刃のとき、この釜を爆薬で木っ葉微塵に打ち砕いて、意地を通した話も世に名高い。

これらの大名物茶器のほか、久秀の所持していた名物茶器は三十種に上るといわれている。

久秀の主君、三好長慶は勅撰集を収集して、和歌の道に肩入れし、連歌の推進者でもあっ

た。その影響もあったのであろう。久秀もしばしば連歌を興行したらしい。弘治二年（一五五六）七月十八日、居城の摂津瀧山城に、長慶を招いて張行《ちょうぎょう》した「瀧山千句」に次のような長慶・久秀主従の句が残っている。

難波津の言の葉おほふ霞哉　長慶
いまを春辺の浦のあさなぎ　久秀

『舟岡山軍記』に次のような記述がある。

三好の家臣・松永弾正忠久秀、勇武の誉れ。その上才智も人に勝れければ、軍の総大将となって、配下の兵は七千余騎にあまれり。筑前守旗本も七千騎に過ぎず。その他一族千騎、二千騎拘《かか》えたる者、四国より在番に上り、飯盛に詰めいたり。

智勇兼備の武将と紹介されている。久秀が三好長慶の配下の武将として世に出て間もない頃の評判である。

『松屋会記』など茶道の記録でも、

久秀は好学・好芸で、明経博士・清原宣賢、神道学者・吉田兼右をはじめ諸芸の徒を召し、茶湯を好み、茶器名物を集めた。九十九髪茄子茶入、松本天目茶椀、猿紋柄杓立、天下一合子、平蜘蛛釜、晩鐘の絵、珠徳象牙茶杓等々の所持が知られる。

とあり、その才気が並はずれていることが察せられる。
一方、キリスト教宣教師のルイス・フロイスの『日本史』（柳谷武夫訳）にも、さまざまな場面で久秀の名が登場している。

当時、天下の最高統治権を掌握し、専制的に支配していたのは、松永霜台（久秀、弾正少弼の別称）であった。彼は偉大にして稀有の天稟の才能の持ち主であった。彼は完全に自らに帰服せしめていた大和の国の奈良の市街に近い多聞山に、立派な一城を築いて住んでいた。そして五畿内においては、彼が命じたこと以外は何もされぬ有様であったから、位階や閥においては彼を凌駕する多くの高貴な人たちが、彼に奉仕していた。

弾正殿は、さして身分の高い者ではないが、その知力と手腕によって、自らは家臣であるにも拘らず、公方様と三好殿をいわば掌握していた。すなわち彼は、はなはだ巧妙、裕福、老獪でもあるので、公方様や三好殿は、彼が欲すること以外なにもなし得ないのである。

こちらは久秀晩年の頃の評価だが、久秀は日蓮宗の信徒である。仏教の中でも日蓮宗は、キリスト教排撃の動きが強かったことから、フロイスも松永久秀には、親近感や好感情は抱いていなかったもようである。にもかかわらず久秀の当時の実権については、一目も二目も置いていることがうかがえる。

●忍術と久秀

松永久秀は永禄二年（一五五九）摂津の兵を引き連れて大和に乱入、信貴山城を補修してこの城に入り、大和支配に乗り出した。永禄四年には奈良町の北にある眉間寺の丘に多聞山城を築き、大和平野をほぼ制圧した。

ここで大和の国の特異性を考える必要がある。大和平野は東部に連なる笠置山脈を隔てて伊賀の国に接している。伊賀は忍者の里である。忍術は日本の専売特許と思われがちだが、中国の兵学の古典『孫子』に「用間（スパイを使うこと）編」というのがあり、

間を用いるに五つあり。郷間有り、内間有り、反間あり、死間あり、生間あり。

と、述べられている。郷間というのは相手国の里人をうまく使ってスパイすること。内間は相手国の内部の人間、つまり官吏を使ったスパイ。反間は相手国のスパイを逆用することで、二重スパイである。死間は二重スパイの複雑な使い方で、スパイに偽《にせ》情報を与え、これを敵に売らせる方法。偽情報とわかれば間違いなく敵の手で死罪となるので、死間と名づけられている。生間は敵の情報をつかんで生きて帰国し、詳細に報告することである。意外に複雑な忍術のすすめである。忍術の始まりは中国といえよう。

『孫子』を始めとする中国の兵書『呉子』『六韜《りくとう》』『三略』などは飛鳥・奈良時代にすでに日

本に伝えられているといわれるが、その兵法知識は、修験道の開祖、役行者《えんのぎょうじゃ》を通じて、山伏達に引き継がれた。これが山伏兵法である。その山伏兵法を母体として各地に忍術が発展した。鞍馬山の山伏から学んだという源義経の義経流忍術、河内観心寺で身につけたという楠木正成の楠木流忍術は、いずれも日本の忍術のはしりといわれる。

室町時代は二百五十年の間、絶え間ない戦乱の時代であった。戦乱が続けば戦《いくさ》の技術が発展するのは当然である。忍術も室町末期、戦国時代に急速に発展、完成の域に達した。中でも伊賀の忍法の完成度は高かった。忍者は上忍、中忍、下忍に分かれるが、伊賀の上忍は服部、藤林、百地の三家とされる。上忍の城砦は必ずしも一つではなく、戦国期には特に身を隠す必要から複数の城砦が築かれた。

南伊賀に勢力を張った百地氏の本拠は、元来は伊賀国山田郡友生村喰代《ほおじろ》にあったが、戦国期には大和竜口《たつのくち》、伊賀竜口にも別な砦を築いていた。伊賀忍法の拠点が大和にもあったわけである。

大和を制覇した松永久秀だが、その領域の中には伊賀忍術の拠点があり、当然配下には数多い忍者がいたと考えられる。また久秀に敵対した筒井順慶や、その他の国人衆の配下にも、数多い忍者がいたとしても不思議はない。

永禄五年、畠山高政が紀州勢を引き連れて、久米田の戦いで三好実休を討ち取ったあと、三好長慶の籠る飯盛城を一気に攻め落とそうとしたとき、松永久秀は三好一党を呼び集め、長慶の嫡子・義興を大将に飯盛城防衛にあたった。畠山勢には、三好側を圧倒する勢いがあり、三好一党の天下も最後かと思われた。この時、久秀が計略をめぐらして、畠山方の大将の一人、安見美作守のもとに陣僧《じんそう》を遣わし、同じ畠山方の大将、遊佐河内守に宛てた内通の偽《にせ》の手紙を、わざと間違えて安見氏に渡し、これがもとで畠山軍が総崩れになった。

この戦略は、明らかに戦場忍術である。『孫子』の「用間編」に説かれている〝死間〟である。久秀が畠山軍に仕掛けた偽情報作戦は見事に効を奏して、危うかった三好軍の壊滅を防いでいる。久秀自身が、この戦術を思い立ったのか、忍術用兵に詳しい誰かの発想であったかはわからないが、忍術の発想が生きたことは明らかであろう。

忍者だけでなく、忍者と縁のある国人衆も多かったであろう。

永禄二年（一五五九）、久秀が大和攻略を開始して間もなく、奈良町の東山中を本拠とした柳生石舟斎宗厳《むねよし》は、いち早く久秀に従属した。二男の柳生但馬守宗矩は徳川家の剣術指南役となり、後江戸時代には全国の大名の動勢をさぐる大目付となって一万二千五百石を領し大名に列している。本拠地の小柳生は、山越えで北伊賀とほとんど隣り合わせ、国境まで十キロ余りしかない。柳生宗矩が徳川家に仕えたのは、関ヶ原の戦いの頃からだが、この時父・石舟斎宗厳は柳生に閑居中で、石田三成挙兵のとき、家康に大坂方の情報を提供したといわれる。石舟斎は柳生新陰流の開祖で剣術の達人として知られるが、一方で伊賀の忍者とは特別な繋がりがあった。石舟斎の長男、厳勝夫人は伊賀の守護もつとめた豪族仁木氏の娘であった。当然、忍者との縁は深い。その石舟斎が戦国時代、松永久秀に従属していたのである。

忍術の基本は兵学・情報収集・体忍の三つといわれる。兵学の忍術とは戦術論であり、少数の兵力で多数の敵に対抗した楠木正成の兵法や、ひよどり越の嶮を突破して平家を破った源義経の奇襲戦法などがそれである。頭脳忍とも呼ばれる。情報収集は忍者の仕事の中でも最も大切なことで、そのためには忍者を各地に派遣して情報網を持たなければならない。敵地に長く住み込ませて重大な情報を上忍のもとに連絡するとか、テレビ番組の「水戸黄門」に出てくる〝かげろうお銀〟のように、芸者に化けたり、天井裏にしのび込んで盗聴するといった方法で情報を収集することもあったであろう。『孫子』の用間術の基本である。一方、体忍というのは、五条大橋で弁慶とわたりあった牛若丸（義経）のように、ひらりひらりと薙刀《なぎなた》をかわして欄干に飛び乗ったり、忍者刀を使って高い塀を乗り越えたり、長距離を素速く走ったりといった術で、主として下忍に要求される体技である。それを修得するためには長い年月をかけた習練が必要である。一人がすべてに習熟しているということではなく、下忍それぞれに特技があったのであろう。剣術による切り合いの技もこうした体技に入る。柳生の剣術や、奈良の宝蔵院流の槍術も、地理的条件から当然伊賀の忍者たちに伝えられただろう。

松永久秀は柳生石舟斎宗厳らを通じて、忍術と接触があった。先に述べたように、忍術の技術の中で最も重要なものは情報収集である。永禄十一年（一五六八）、織田信長は足利義昭を奉じて入京したが、この時、松永久秀は時を移さず信長に人質を入れ、名物茶器・九十九髪茄子《つくもなす》茶入を献じて従属し、大和一国の進退を委された。この和解を取り付いだのは柳生石舟斎であったといわれる。久秀は、それまで京を支配していたこともあり、それなりの兵力を持っていたが、石舟斎を通じて信長軍が当時の日本では極立って強大な兵力を擁しており、信長軍に太刀打ちできないことをいち早く見てとり、その軍門に下った。その裏には信長軍の圧倒的兵力の情報が久秀に伝えられていたはずだ。大和支配をめぐって松永久秀と抗争を続けていた筒井順慶らも、信長に通じようとしたが、すでに久秀との和解を終えていた信長は、順慶らの希望を退けている。情報戦で久秀は、順慶に一歩先んじていたことになる。その裏には伊賀忍者と繋がりの深かった柳生石舟斎の存在があったのではなかろうか。

忍者の活動は隠密裏に進められるため、久秀が直接忍者と接触したという記録はない。しかし、徳川時代に書かれた『常山紀談』に久秀が幻術師、果心居士と会ったときの記述がある。

松永弾正が多門城にいた頃、果心居士という幻術師が城にやって来た。弾正が、

「私は若い時から合戦の度ごとに敵陣にかけ入り、弓鉄砲の前に向かったが、ついぞ恐怖ということを知らぬ。貴公の術で、どうか私に恐怖の思いを持たせてくれ」

と言った。果心居士は、

「わかりました。何、やさしいことです。傍の人を遠ざけ、刀をお持ち下さい」

と言って弾正と連れ立って庭へ下りた。

弾正は書院の端に立って庭を眺めていたが、今まで晴れ渡っていたのに、にわかに月影がおぼろになり、風がはらはらと吹いて来て、雨も降り出し、あたりがうそ寂しく、何やら心細い気配になった。庭の片隅のススキの間からなよなよと青ざめた女の、かすかな声がして、

「あたりに人もなく、雨さえ降って淋しい中に、なぜ殿がおわしまするか」

という。その方角を見やると、昔故あって別れた妻女の声であった。

さすがの弾正も、気味悪く、身の毛がよだって、

「果心やめろ、やめろ」

と呼ばわった。その声の終わらぬうちに、

「これに居ります」

とかしこまる影を見ると、果心居士がそこにいた。あたりはもとのように風もなく、雨も降っておらず、月がさやかに輝いている。

「どうしてこのように人の心をたぶらかすのだろう」

と、さすがの弾正も驚いたものであった。

幻術は、密教や陰陽道を通じて伝えられた妙術だが、その一部は忍術にも取り入れられ、当然、幻術師と忍者とは繋がりが深かったと考えられる。果心居士を多聞山城に連れて来たのは忍者だったことが、当然考えられる。

天正五年（一五七七）、松永久秀は息子の久通とともに、天王寺にあった石山本願寺の付《つけ》城《じろ》をにわかに離れて、織田信長に離反、信貴山城に立て籠った。この城は標高約五〇〇メートルの山城だが、古代からの城砦だけに、結構峻険で、攻めるに難しい要害である。

この時の久秀の叛逆は、久秀にとって長年の仇敵だった筒井順慶が、大和の守護に就任したことも、大きな原因だった。順慶は、信長入京のとき、久秀に先を越されて信長に従うことができなかったが、その後、根気よく信長に近づき、天正三年の長篠の合戦には、鉄砲衆五十人を派遣、三千挺といわれる信長の鉄砲隊に加わり、武田軍潰滅にひと役買っている。こうした実績が認められ、天正四年五月、石山本願寺攻略に参加していた大和守護の原田直政が摂津で敗死した後、筒井順慶が大和守護に任ぜられた。

松永久秀謀叛は信長にとって意外なことであったらしく、茶人の松井友閑を久秀のもとに遣わして、

「何故の謀叛か。真意を存分に申してみよ」

と言わせている。松井友閑の調停が不調に終わると、信長は長男の織田信忠を総大将に、佐久間盛政、羽柴秀吉、明智光秀、丹羽長秀らの大軍を派遣した。筒井順慶が宿敵・松永久秀が織田軍の矢面に立ったのを喜んだのは言うまでもない。

この信貴山城攻撃に筒井順慶が大きな働きをしたことが『大和軍記』に書かれている。順慶普代の家来の一人で、順慶が久秀に追われて禄を失ったとき、久秀に仕えた武士がいた。順慶はこの元家来と連絡をとり、時機を見てわが方に内通するようにと申し合わせていた。

久秀にはここで、運が尽きたのであろうか。織田の大軍を迎え、大坂石山の本願寺門跡に加勢を頼むことになった。そして石山への使いに順慶の元家来だった男を使った。弓削三郎というこの男、使者になったことを、すぐに筒井順慶に通報した。そこで順慶は配下の二百人ばかりを河内に派遣した。さて、弓削は石山へ行って加勢の軍勢二千人ほどを預かり、信貴山城へ帰る途中、河内平野で待っていた順慶の人数を一緒に従えて、夜にまぎれて城内に引き入れた。そして順慶はこのいきさつを信長に報告、翌朝未明から総攻撃が行われた。信貴山城の城内にまぎれ込んだ順慶の兵たちが城の各所に放火して裏切ったため、松永久秀側

は支え切れず、久秀は天守に上り、城に火を放って自刃した。嫡男の久通も一緒に死んだといわれる。久秀の自刃は天正五年十月十日。奇しくも東大寺大仏殿炎上と同じ日であった。

弓削三郎という人物であるが、私には伊賀の忍者だったという気がする。伊賀と隣組のような大和の東山中に縁の深かった筒井順慶の軍兵の中には、数多い伊賀者がいたことは十分考えられよう。テレビに登場する忍者は、高く跳躍したり、奇妙な剣術を使ったりする個人技が目立つが、忍術には戦場で集団行動をして、戦局に貢献する戦場忍術もあった。二百人の軍兵が援兵に混じって城内にまぎれ込む戦術こそ、まさしく戦場での忍者の活動である。天文十年（一五四一）に甲賀衆が籠っていた笠置の城に、伊賀衆が忍び込んで放火し、追い落としたという記録がある。

父服部保長に従って徳川家に仕えていた伊賀忍者の服部半蔵正成は、弘治三年（一五五七）十六歳の時、初めて戦陣に参加したが、三河国西郷にある宇土城攻略戦では、伊賀忍者七十人を率いて城内に忍び込み、火を放って勝利のきっかけを作っている。

また永禄五年（一五六二）には、今川義元が桶狭間の合戦で戦死して後、今川方の与党、鵜殿長持が守っていた蒲郡城を徳川家康が攻めた時、服部父子を介して雇い入れた新参の甲賀忍者二百人が、ひそかに蒲郡城内に潜入し、各所に放火し、城内に大混乱を巻き起こして味方を引き入れ、瞬時に敵城を陥す放れ業を演じている。

忍者が敵城に忍び入って放火し、戦況を有利に展開するのは、忍術の奇兵の基本であったろう。智恵者の松永久秀も、忍者の手口に乗せられて、破滅の道に突き落とされたことになる。

忍術というと、足もとに煙の立ち込める中に、口に巻物をくわえ、胸もとで印を結んでいる忍者の姿を思い浮かべることが多いであろう。戦国期に格段の完成度を見せた忍術は、火薬の伝来という画期的な歴史事実で、それまでの忍術に比べ大きな進歩を見せた。

火薬とその製法が、鉄砲とともにわが国に伝来したのは天文十二年（一五四三）である。諸国の大名たちは争ってこの新兵器を求め、忍術も火術の多様化で様相を一変した。それまで忍術で使われた火術は、ほとんどは狼煙《のろし》に限られていた。煙り玉、光り玉、音玉、地雷などが新たに工夫された重要な忍具となった。また火薬の製造も忍者たちの手で進められ、甲賀郡油日《ゆひ》の里で、その作業に成功している。後に江戸時代になって、この地で花火の製造が産業として盛大に行われることになったのも、忍者による火薬の製造の伝統があったからこそである。

忍術の発展と火薬の使用は、特に戦国期の末になって大きく進んだ。信貴山城落城のとき、信長は久秀に、

「どうせお前は死ぬんだから、天下の名物〝平蜘蛛の茶釜〟をこちらへよこせ」

と再び言わせた。久秀は、

「この釜と俺の白髪首は渡せぬ」

と言って、釜を鎖で自分の首に結いつけて火薬を仕掛け、首と茶釜を粉々に砕いて、この世を去ったといわれる。爆薬を仕掛けたのも、久秀配下の忍者であったのではないか。

平蜘蛛の釜というのは、平釜のさらに平べったいもので、ちょうど蜘蛛がべったり地面に吸いついたような恰好をすることから、平蜘蛛と名づけられた。このような異形の釜は、利休の時代には、流行らなくなっている。利休が嫌ったからだが、それ以前はこのような変った形の茶道具が喜ばれた。武野紹鷗好みの釜で、大霰《おおあられ》の猿釜とか、筋釜《すじがま》といった奇妙な名物釜もあった。

第四章　松永久秀――その事績

●京都での活躍

米沢藩上杉家に代々伝えられた『洛中洛外図屏風』がある。現在は米沢市の所蔵となっているが、この中に松永弾正屋敷が描かれている。製作年代は学者の間でさまざまな議論があるが、戦国の足利時代末から織豊時代初めの時期に描かれたことには異論がないようだ。ちょうど松永久秀の京での活躍時代である。

屏風は左右二つに分かれ、向かって右側の中心が「内裏様」、左側の中心は「公方様」になっていて、いずれも金地金雲の中にくっきりと浮かびあがっている。つまり、天皇と将軍を中心にして、権力の中枢にあった公家邸、侍邸と主な寺社などが描かれ、絵には小さな字で書き込みがある。その侍屋敷は細川惣領家（京兆家）と典厩家の両細川家、それに摂津半国守護代薬師寺備後守、同半国守護代三好筑前守、山城郡代高畠甚九郎、そしてなぜか、三好家の内者の松永弾正久秀の各屋敷が描かれている。大きさは、それぞれの政治的地位に対応して描かれているが、三好家の家来の松永久秀邸は、山城郡代と同じ大きさで描かれ、松永久秀が、京都の政治権力を確保していたことを裏付けているといえよう。

この時期、政治体制を揺さぶる大きな事件があった。天文十八年（一五四九）六月の摂津江口の戦いである。中央の政治の実権を握っていた細川惣領家の晴元の軍事力の中心だった三好宗三が、この戦いで三好長慶に敗れ、細川晴元政権は崩壊した。将軍の足利義輝は父義晴とともに京都を落ちて、近江坂本に難を避けた。三好長慶が、晴元の代わりに立てた細川氏綱の黒幕となって入京し、実権をふるうことになる。上杉本『洛中洛外図』では、江口の戦い以前の細川晴元体制と、以後の三好長慶体制の双方が描き込まれて同居しているのである。

三好氏が主家細川氏をしのぐ大勢力になったのは、元を糺《ただ》せば、細川家の家督争いに由来している。管領の細川政元は女ぎらいのいわば奇人で、管領となって以後も妻帯せず、従って子がなかった。

後継者がなかった政元は、前の関白九条政基の子澄之を、相続者として養子に迎えた。しかし政元は、やがて澄之が公家の出で血の繋がらないことが気になって、こんどは阿波の親戚の細川成之《しげゆき》の孫の澄元を後継者の座に据えた。先に養子となっていた澄之は、これに不満を持ち、細川家の家臣も二派に分かれて争うようになった。阿波の澄元は、澄之の後で養子になったとはいえ、同族の出身だから、家の相続者になって当然と思い、補佐役の三好之長も、そうしたことを顔に出す。これに対して澄之側の薬師寺与次や香西元長らは、いっそ政元を討って澄元を阿波に追い返し、澄之に後を継がせようとした。

政元は自分の身の上に、そんな危険が迫っていることに、ついぞ気付かず、湯浴みしているとき、浴室に乱入した刺客に殺された。政元は湯槽を鮮血で染めて生涯を終えた。四十二歳であった。

こうして澄之が細川家の家督を継いだが、澄元側の三好之長は、澄之と香西元長を殺し、将軍義澄に迫って澄元を管領に据え、己《おのれ》が実権を握った。その義澄は、大内氏に奉ぜられた義稙《よしたね》が上京すると、将軍職を追われ、三好之長は京の百万遍（知恩寺）で自殺する。

義稙から管領に任ぜられた細川分家の高国は、こんどは義稙を将軍職から追って、義澄の子の義晴を将軍とした。世は戦国乱世の真っ只中であった。六年後の大永《だいえい》七年（一五二七）、澄元の遺児、細川晴元を擁した三好元長（之長の孫）に攻められ、細川高国は将軍義晴とともに近江に逃れ、享禄四年（一五三一）兵を起こしたが、摂津の戦いに敗れて自殺した。

そして元長は、晴元の意をうけた本願寺門徒の襲撃を受けて、泉州堺で自殺した。元長の勢力が強大になっていくのに不安を憶えた晴元が、門徒衆を使って元長を葬ったものであった。元長の子の長慶は、まだ十歳になったばかりのときであった。堺の顕本寺で切腹した父の元長は、主人晴元の手の者たちに襲われ、激怒のあまり、自ら臓《はらわた》をつかみ出して天井に投げつけたという。その最後を知った長慶は、亡父のうらみを胸に深く刻み込んで、復讐《ふくしゅう》の機会をねらっていた。

やがて新しい三好長慶体制の中で、それまで長慶の右筆に過ぎなかった松永久秀に三好家の京都代官の役が回ってきた。後の京都所司代、あるいは町奉行以上の強力な役割である。時に久秀は四十歳であった。上杉本の松永久秀邸の絵の上に「松永弾正」という書き込みがある。律令官制の弾正台は、犯罪の取り締まりと風俗の粛正を職務とした。尹《かみ》・弼《すけ》・忠《じょう》・疏《さかん》の四等官がおかれ、尹には親王が任ぜられた。九世紀に入って令外官《りょうげのかん》の検非違使《けびいし》がおかれ、弾正台は実体がなくなった。

天文二十一年（一五五二）、細川氏綱が右京大夫になると、三好長慶はその供衆に、松永久秀は弾正忠の官位を与えられた。しかし、それは名目で、実質は三好長慶の独裁体制で、久秀は三好家代官として京の治安だけでなく、行政府も任されていたとみられる。久秀は永禄三年（一五六〇）には弾正少弼（次官）に昇格しており、三好長慶の死去（永禄七年）の後まで、約二十年余にわたって京の政治と治安に実権を振るっていたのである。

この間、久秀が残した業績は、今も記録として残っているものは、ごく僅かしかないが、治安関係より、むしろ行政的な色彩が強い。その一つは永禄七年（一五六四）、法華宗本山十五カ寺の間で結ばれた「永禄の規約」である。法華寺院は天文五年（一五三六）の法華の乱の敗北で一時、京都から追放された。法華宗は他宗派とだけでなく、宗派内部でも対立抗争が激しく、あげくの果ての追放であった。天文十一年に六角氏の周旋で帰洛の勅許が出て、次第に再建が進んだ。しかし、その後も本山各派が勢力伸張のための激しい争いを繰り広げた。永禄六年には本国寺の檀家であった松永久秀の要望を受けて、将軍義輝がこの寺の門跡寺院への格上げを奏請したが、朝廷が山門（叡山）との摩擦を避けるため、勅許しなかったこともあった。その本国寺に対する法華各寺院の反発は激しく、対立は深刻だった。こうした事態を打開するため、本山十五カ寺の和睦交渉が進められ、永禄七年八月、

「末寺や信者の取り合いなどせず、以後互いを中傷せず、一味同心して布教にあたること」

を定めたのが、「永禄の規約」である。実はこの規約草案を押し進めたのが松永久秀であった。そして将軍義輝の意を受け、将軍の権威をバックに実行に移されたのである。それを演出し、形にした久秀の調整力、政治力は並でないものがあった。久秀は決して単なる武将、あるいは事務官僚ではなかったのである。

いま一つ、この時期に久秀が行った行政事実がある。意外にもそれは忠臣・大楠公の子孫

の差別排除という業績である。明治から昭和初年にかけて活躍した詩人・横瀬夜雨《やう》が書き残した『太政官時代』（昭和四年刊）という本に次のような一文がある。

楠公一家は天正年間（一五七三〜九二年）松永久秀の取りなしで、皇室の永勘当を解かれるまでは、ある程度のにくしみを受けていた。……さるにても楠公の後と称する人たちが、今なお埋もれているには、仔細があろう。

横瀬夜雨が、松永久秀の皇室への取りなしを知ったのは、どのような文献によったのかは明らかではないが、そのような歴史事実があったのであろう。畿内一円の覇者三好長慶の代官として、河内の楠一族から陳情を受ける立場にあった松永久秀が、一族のために骨を折り、永勘当を解除されるのに尽力したこの事実は、これまで全く無視されてきた。忠君愛国が鼓吹された昭和初年の軍国時代、織田信長の尊皇の事績は、小中学校の教科書にも登場したが、忠臣楠公の一族に救いの手を差し伸べた松永久秀の業績が顧みられることは、全くなかった。これも〝勝てば官軍……〟の一翼なのだろうか。

ここで上杉本『洛中洛外図』の松永邸をもう一度眺めてみよう。

松永弾正邸は、細川晴元の被官の山城郡代・高畠甚九郎の邸とほぼ同じ大きさだが、高畠屋敷が板葺屋根を金雲の上に描いて、ただその場所を示しているだけなのに対し、松永邸は屋敷内外に人物を数多く配置して、生き生きとした京の庶民の生活が描かれている。邸内に

松永弾正邸と門前の左義長。（上杉本『洛中洛外図屛風』より。米沢市上杉博物館蔵）

は立派な松などの立ち木が描かれ、屋敷の周囲は築地塀で囲まれて、門前には大きな左義長《さぎちょう》が三本立てられ、何事か行事が行われようとしている気配である。手前の塀に沿って十人ほどの男女が羽根突きの最中で、明らかに正月風景とわかる構図である。

左義長というのは、竹を円錐形に組み立てたもので、内裏の紫宸殿の前庭に置き並べて点火するのが、例年の小正月行事だったが、宮中だけでなく親王御所、比丘尼御所でも行われていた。武家屋敷でも将軍家の行事になっていたが、一武将の、それも邸内ではなく門前で行われているのは、奇異な印象が残る。宮中の左義長は一月十五日と十八日に二度行われ、十五日の左義長は山科家から十基、勧修寺家から三基、計十三基が進上されるのが恒例になっていた。しかし天文十七年に山科七郷が松永久秀の弟の甚介（長頼）の知行地となった。このため山科家では知行地を失い、左義長の進上ができなくなった。それまで山科郷から毎年山科家に納めていた左義長が、行き先を失って松永家に納入され、当時丹波で活動していた領主の松永甚介方でなく、京で政治力を発揮していた兄の久秀邸で使われたのではないか。内裏の左義長行事は、痛手を受けたに違いないが、禁裏に代わって左義長を焼くことができた松永久秀には、新しい権力を示す絶好の行事であったのかもしれない。そうしたことを推測させる松永邸の左義長である。

永禄元年（一五五八）、足利義輝が三好長慶と和解して入洛し、山科七郷は公方御料所に戻り、翌二年正月からは、再び左義長は宮中に納められることになるが、京の市民にとって松永家門前の左義長は、忘れ難い出来事であったに違いない。それが『洛中洛外図』に描かれたいきさつではないかとされている。

●足利幕府の官僚組織

ここで足利幕府の官僚組織を振り返ってみたい。足利時代に将軍を支えた最高の要職は管《かん》領《れい》であった。幕府の中心である政所を支配して武家全体の監察・賞罰の実権を握った。幕府開設当初は鎌倉幕府のときから執事の名が使われていたが、三代将軍義満の晩年、斯波義将が執事に就任したときから、執事という名が大名家の老臣と同じなのを嫌い、自ら管領と称した。以来、管領が足利幕府最高の要職の名となった。応永五年（一三九八）、畠山基国が管領に就任、この時から畠山・斯波・細川の三家が交替でその職に就く慣行が生まれ、三家を三管領といった。しかし応仁の乱以後、三管領のうち、斯波、畠山両家が権力を失い、細川家だけが管領として残った。

管領の下で政務一般を処理する政所《まんどころ》と並ぶ重要な役所に侍所《さむらいどころ》があった。侍所は将士を監察し、幕府の諸機関を警備、市街地を巡視して治安の維持に当たる。そのほか謀叛、強窃盗、放火などの犯罪人を検挙して処刑も行った。いわば刑事担当の幕府の役所である。侍所の長官は所司《しょし》と呼ばれ、はじめは今川・細川などの名家が任ぜられたが、後には山名・赤松・一色・京極の四家が交替で就任したため、三管領に対して四職と呼ばれた。その後、所司は山城の守護をも兼務することになり、権限を拡大した。所司代というのは初め侍所にかりそめに設置された私の司で、四職の大名の内衆が任ぜられていたが、次第に威権を得て、所司と同格になり、陪臣ながら、直参の守護たちもその下風に立つようになった。

十三代将軍義輝のとき、天文十九年（一五五〇）、三好長慶が入京して天下の権を握り、洛中洛外の検断、決罰すべて独断で執り行い、その権勢は以前の侍所を越えたが、四職の家柄でなかったため所司代と呼ばれた。しかし長慶は実権を握った後、間もなく松永久秀を残して京を去り、摂津の越水城に帰っている。松永久秀は形式の上では、所司の代官である所司代の、そのまた代官だったわけだ。

このほか政務に参与し、公事《くじ》を奉行するさまざまな奉行人がいた。評定奉行、公人《くにん》奉行、守護奉行、恩賞奉行、官途奉行、寺社奉行、神宮奉行、唐船奉行、作事奉行、普請奉行などがあったが、六代将軍義教の時代、永享年間（一四二九〜一四四一）以後は単に奉行と呼ばれた。江戸時代の町奉行ほどの強大な権限はなく、数多い人数の奉行が常任されていた。

三管領のうち、ただ一家だけ家督争いもなく、一族結束して応仁の乱を乗り切った細川氏だったが、政元に実子がなかったことからついに内紛を生じ、やがて幕府が大混乱に陥ったことはすでに述べた。斯波家の内紛には、細川持之が畠山満家と謀《はか》って、むしろこれを助長し、次いで起こった畠山氏の内紛にも、細川政元が畠山政長を助けて、家督に決まっていた畠山義就《よしなり》を引きずりおろすなど、謀略によって他の管領家を衰えさせた細川氏だった。しかし権力の集中に成功した当の政元の手で、自ら細川家分裂への道を歩むことになった。

細川政元は関白九条政基の二男を養子にして、明応四年（一四九五）に新将軍義澄に目通りさせ、家督と定めた。幼名聡明丸といった。これが後の細川澄之《すみゆき》である。一方、政元の被官たちの中には、公家出身の澄之を喜ばない者もいて、文亀三年（一五〇三）政元は、一族の阿波守護、細川成之《しげゆき》の孫を阿波から迎えて後嗣と定めた。これが後の澄元で、政元の跡目は二人となった。政元は摂津、丹波の両国を二人にそれぞれ分与する方針だったらしいが、管領家としての惣領をいずれにするかで、内衆たちは両派に分かれて暗闘することになった。

永正三年（一五〇六）、阿波から三好之長らを率いて細川澄元が上洛し、丸二年にわたり細川家の家督争奪戦が始まり、畿内は応仁以来の大混乱に陥った。この年九月、山城守護代の香西《こうざい》元長が政元に叛き、京都で蜂起した。幕府は急ぎ奈良の陣中から三好之長を召喚し、香西元長を討たせたが、戦乱は収まる気配を見せなかった。香西元長の背後には、摂津守護代薬師寺長忠がいた。ここで政元派と反政元派の守護代の色分けをすると、

政元派＝三好之長、赤沢朝経

反政元派＝香西元長、薬師寺長忠

ということになる。之長は阿波の国人、香西元長と薬師寺長忠は、それぞれ山城・摂津の守護代で、細川内衆が畿内派と四国派に分かれて争ったとも見ることができよう。

こうしたなか、政元が京の自邸で香西元長の回し者・竹田孫七という者に襲われ、非業の死をとげる。永正四年（一五〇七）六月のことであった。

足利幕府の権力の中心は政所と侍所だったが、足利義輝の側近だった伊勢貞孝は、三好長慶が入京、将軍義輝が京都を去って近江に亡命後も、京都に残って政所執事の職をこなして

いる。京都の実情に慣れない三好長慶は伊勢貞孝の京都残留を許し、政務の一部を委ねたのであろう。三好長慶・松永久秀は侍所の権力は行使したが、政所業務には手が回らなかったのであろうか。伊勢貞孝は長慶と行動を共にしながらも、亡命中の将軍義輝や管領の細川晴元とも連絡をとり、時には長慶に叛旗をひるがえすなど、まことに捉え難い行動が多い。この間にもしばしば将軍義輝や細川晴元党が、近江・但馬方面から京都周辺に出没、不穏な行動が絶えず、そのたびに松永久秀や、その弟の長頼らが鎮圧に兵力を繰り出している。三好長慶が実権を握ったといっても、将軍職を引き継いだわけではない。その一部を執行したといえるのかもしれない。

松永久秀は三好長慶の内者《うちもの》（また内衆）と記されているが、「内者」というのは直属直臣という意味である。これに対して「被官」というのは、もともと独立していたものが臣礼をとったもので、三好氏は細川氏の被官であった。別に「与力」というのがある。独立して主家に仕えるが、所領が少ないため、他の有力者の指揮を受ける者をいう。

三好長慶は入京して将軍義晴・義輝父子と管領細川晴元を追放して、京の実権を握ったが、幕府に代わる行政機構を構想するまでに至らず、幕府機構の一部を使って、行政を切り盛りし、治安確保に当たった。幕府に取って代わる近世政治を実現したのは織田信長であったが、三好・松永政権は信長政権に行きつくまでの過渡的存在であろう。

●久秀、武将への転進

松永久秀は元来、三好長慶の内者、あるいは右筆とされている。つまり文官としてスタートしたが、後年は大和を中心に信貴山城、多聞山城を築いた武将としての印象が強い。文官から武将への転進はいつごろのことであったのだろうか。

区切りはここでも摂津江口の戦いで、三好長慶が足利幕府を牛耳っていた細川晴元方の武将・三好宗三を破り、京での実権を握ったときではなかったかと思われる。久秀の弟、甚介（長頼）が、山科七郷を知行地として与えられたことは先に述べた。甚介はスタートのときから、主として丹波方面で武将として活躍した。兄久秀の政治力にも支えられていたのであろう。久秀は、弟の戦功と論功行賞が刺激となって、右筆から武将への道を歩むことになったのではないか。

天文二十年（一五五一）久秀・甚介兄弟は三好長慶の将として、細川晴元の将、三好政勝（宗三）・香西元成らを摂津・丹波の兵で攻め、七月十五日相国寺の戦いで破っている。文官、政治家としての活動は、以後も引き続きこなしており、文武両面の活躍は織田信長の入京（永禄十一年＝一五六八）の頃まで続いた。晩年の久秀は、文官としてより、武将としての活動が大きなウェートを占めるようになったが、武将としての成果は、どちらかというと尻すぼみになっていく。以下、久秀の武力の面での活動をたどってみよう。

松永久秀が最初に兵を動かしたのは、記録をたどると、天文十一年（一五四二）と意外に古い。この時は三好範長（長慶）の命で、大和に侵入したとあるが、目立った戦闘は記録されていない。

弘治二年（一五五六）には、長慶から摂津瀧山城（神戸市中央区）を預けられ、初めて城持ち大名となり、摂津西半国の経営を任され、同時に播磨の三木・明石両郡を勢力下に収めた。久秀が本格的に武将として活動を始めたのは永禄二年（一五五九）ごろからであろう。

『二条寺主家記』に、

永禄二年八月十日、松永弾正が大将となって、三好人数和州に乱入、筒井・十市・万歳没落。

とある。久秀はこの時、大和・河内の国境にある信貴山城を補修して、この城に移り、大和支配に乗り出した。
翌永禄三年七月には、大和で最大の勢力であった筒井順慶軍と本格的に交戦した。久秀が筒井配下の井戸良弘を井戸城（天理市別所町）に攻めると、筒井順慶の軍が井戸城救援にかけつけたが、敗北し、双方の話し合いで、城は松永方に明け渡された。
この時の戦いのことと
みられる松永・筒井軍の戦闘の状況が『大和軍記』（『大和記』）に

やや具体的に述べられている。

筒井順慶の先祖は近衛の家から出たといわれている。順慶は奈良で出家していたが、器量を買われて還俗し、武威を振るうことになった。国中《くんなか》（大和の平地部）の半ば以上を討ち従えたが、自分の領地は知行高で六万石程度であった。甥や妹聟など縁続きの豪族が多く、自然勢力圏が広がり、大和の大半を手に入れることになった。

ここで松永久秀の大和侵入が始まり、筒井を撃とうとして、兵力をあげて法隆寺まで出陣してきた。筒井順慶も居城の筒井城から約二十町西の栴檀《せんだん》の木村に陣を張った。順慶の先陣は筒井家の家老の島左近、松倉右近の両人に大和の国侍らが随っていた。

戦は並松という所で開始され、松永軍の先陣が敗軍して、筒井軍が追討ちした。この時、筒井軍が深追いしたところへ、法隆寺の寺内に隠れていた松永の伏兵が後を遮り、敗軍の松永勢の兵も盛り返し、逆に筒井側が一挙に潰走した。筒井順慶は筒井の城に取り籠ることもできず、すぐに東山中《さんちゅう》の宇陀郡に落ちて行った。その頃、宇陀郡には秋山氏という郷族がいて、筒井順慶と親しかったため、順慶はこの人を頼って落ちて行き、なんとか本領に帰ろうと懸命に計略を練ったのである。

松永久秀も、宇陀に軍兵を送って順慶を討ち果たそうとしたが、大和の国侍たちがなかなか久秀側に従わない。中でも高取城の越智氏と十市城の十市常陸介は、堅く順慶に味方して松永軍に抵抗した。二つの城は、いずれも宇陀へ行く道筋の脇にあり、ことに半坂という所は宇陀の入口で、地形険しい要害の地になっていて、自由に出入りは難しい。そこで久秀は南都東大寺の少し北にある多聞山（多門山）に城を築いて、行く行く大和一円を傘下に納めようとした。

この時の合戦に限らず、以後の主要な合戦を見ても、松永久秀の軍勢は、どちらかというと、戦術的に巧みに立ち回って勝利を得たことが目立っている。豪雄の侍たちの力攻めで一挙に城を奪う、といった戦は少なく、城攻めしても数にものをいわせて話し合いで城を明け渡させる、といったことが多い。合戦でも策略・戦術で敵の裏をかく戦が目につく。

永禄三年十一月に、松永勢は沢氏の檜牧城《ひのまき》（宇陀郡榛原町《はいばら》）、沢城（同）、万歳氏の万歳城（大和高田市）を攻め、いずれも話し合いで開城させた。

同じ年、松永久秀は二月に弾正少弼（次官）に任じ、将軍義晴の相伴衆となり、また奈良の北山の眉間寺《みけんじ》を近くに移して、ここに多聞山城を築いた。奈良盆地南西部、大和・河内国境の要衝、信貴山城と並んで、奈良盆地北東部、大和・山城国境に位置する多聞山城は、久秀の大和経営の二大拠点となる。

●無間地獄の渦の中

○高山右近の一族

この時から、松永久秀の大和支配が始まるが、それまでは三好長慶の軍事行動の一翼を担って河内、和泉、摂津、山城、時には丹波や但馬にまで兵を出して活動していた。軍の主力は三好長慶所領地の国人たちだった。あのキリシタン大名で知られる高山右近の父、高山飛騨守も久秀の配下だった。永禄三年（一五六〇）、久秀が大和国榛原の沢氏を追って、その地を攻めると、飛騨守は沢城を預かることになり、それまでの領地摂津高槻を離れた。父とともに沢城に移った右近は、十二歳の時、この地でキリシタンの洗礼を受けている。

高山父子は、後に松永を捨てて、摂津高槻の城主、和田氏に鞍替えした。さらに右近が戦乱の記録に登場するのは、その主君和田氏を殺害して、信長配下の荒木村重を頼り、高槻城を乗っ取ったときである。キリストへの信仰を貫き通した高山右近にしてこうである。世は戦国、下剋上の時代である。特に畿内周辺は権力者の交替が激しく、一人の主君への忠誠を貫くことは難しかった。武力・権力の行方を見通して、強い方に加担していかねば、自分の安全をはかれなかった時代である。

右近が高槻城主に帰ったころ、天下は三好・松永の時代から織田信長の時代に移っていた。

高槻城回復から五年後、右近が高槻城乗っ取りのために支援を受けた荒木村重が、石山本願寺の一向宗信徒と通じて信長を裏切った。右近は信長の恩義を説き、主君の荒木村重をいさめたが、村重は、その時すでに後に引けず、やむなく右近は妹と一人息子を人質として村重に差し出し、主君に殉ずる決心をした。

事情を知った信長が、外国人の神父を高山右近のもとに行かせて、

「もしお前が荒木を裏切って、自分の味方をしないなら、この神父を殺す。そして日本の国でのキリスト教の布教をいっさい認めないようにする」

と伝えた。右近は信仰か、忠節かの矛盾の中で苦しんだ揚げ句、人質の肉親も見限り、信仰を取った。武装をいっさい捨てて丸腰で、単身、信長の陣所へ行き、

「自分は降伏するから、神父の生命は助けてほしい。日本でキリスト教を布教することも認めてほしい」

と頼んだ。信長は感動して右近を重く取り立てるようになり、キリスト教の布教も許した。荒木村重方に残った右近の父親も、重い罪に問われずにすんだのであった。

高山右近はこうして松永、和田、荒木と、三人の主君を裏切り、四人目の主君信長に仕えた。信長は右近を重用し、右近はキリシタン大名として思いのままの治政を敷くことができた。しかし、天正十年（一五八二）の本能寺の変後は、五たび主君を替えて、羽柴（のち豊

臣）秀吉に仕え、山崎の合戦では秀吉軍の先陣をつとめた。天正十五年、秀吉が九州征伐の後、突然バテレン追放令を出し、右近に棄教を迫った。棄教を拒んだ右近は、秀吉に所領を没収され、加賀前田家に預けられた揚げ句、慶長十九年（一六一四）、徳川幕府から国外追放を命ぜられ、長崎を経由してマニラに流され、翌年その地で没している。

高山飛騨守・右近父子の生涯は、まことに波乱に満ちている。まるで綱渡りである。戦国末期から織豊時代にかけて、各地の領主、豪族の生き方は、似たような浮き沈みを重ねている。これは高山父子に限ったことではない。これを裏切りと呼ぶのは、没落した支配者側の人々か、同じ主君の下で後々まで生き伸びた好運の人々から見た評価で、時代の流れがそうした変転を要求していたといえよう。高山父子は、その中でむしろ好運な生き方ができた数少ない例であった。

○拉致された徳川家康

いま一つ、戦国を象徴する豪族の生き方を紹介しよう。こちらは固い結束で知られた旧松平、徳川家の話である。松永久秀とは直接繋がりはないが、戦国武将の存在を理解するうえで、典型的な事件なので取り上げてみよう。

徳川家初代の将軍、徳川家康が、幼い頃、駿河今川家に人質となって十数年を駿府に過ごしたことはよく知られているが、実はその前の約二年、織田家の人質となっていたことがあった。織田家と松平家（徳川家）は、信長・家康の時代に固い攻守同盟を結んだが、その前は代々犬猿もただならぬ敵対関係が続いていた。家康の祖父・清康は、人望厚く、武略に優れた領主で、西三河を制圧、さらに東三河も切り従えて三河一国の主となった。松平家は東の駿河・遠江の今川家、尾張の新興勢力織田家と並ぶ東海地方の三大勢力であった。ところが、その清康が従者の勘違いから戦陣で斬り殺されてしまった。清康二十五歳の時であった。跡を継いだ仙千代、家康の父、後の広忠はわずか十歳である。ここから松平家の苦難が始まる。

当時の小領主の支配権というのは、領内の土豪に対する所領安堵の能力、つまりその所有権を保証する力であった。土豪の側からいえば、所領を安堵してくれる者が忠節の対象である。領主・松平家の力が弱まれば、所領の保証能力のより強い、近隣の今川あるいは織田に誼《よしみ》を通じるのは、当然の成り行きであった。清康を失った三河の土豪たちは、織田派と今川派に分かれ、松平家を離れて内通するものが後を絶たない。

家康を生んだ広忠の妻、於大の方は刈屋城主・水野忠政の娘であった。天文十二年（一五四六）、忠政の子・信元が織田家に加担した。今川家の後ろ楯で三河の領主の座を保っていた広忠は、今川家への遠慮から翌年、妻を離別して水野家に送り返した。家康が数え年三歳のときであった。

天文十六年（一五四七）、織田信長の父、信秀が、大軍を発して松平の本拠・岡崎に迫ってきた。広忠はこの苦境を乗り切るため、今川氏に加勢を頼み込んだ。今川氏は、

「加勢のことは心得た。ただし人質を送ることが条件である。そのうえで加勢に応じよう」

との返事であった。広忠は、それでは長男・竹千代（後の家康）を人質に出そうということになり、竹千代数え年六歳のとき、人質として駿河の国へ向かわせた。付き従うものは、後に家康の重臣となった石川数正、平岩親吉、榊原忠正ら二十八人。雑兵五十余人に守られての、ものものしい出発であった。

三河の田原に戸田弾正少弼康光という人物がいた。康光は於大の方離縁の後、広忠の後添えとなった正夫人の父、つまり竹千代には義理の祖父にあたる。康光は一行を迎えて、

「陸路は敵が多い。私の領地からは船でお送りしよう」

と申し出た。竹千代の従者は、しっかり者の武士たちが揃っていたが、若君の義理の祖父の助言である。断わる理由もない。ところが、康光は、その子・五郎政直と心をあわせて織田信秀に内応しており、船は途中から方向を転じて尾張熱田の織田方に着いてしまった。織田信秀は大喜びして、竹千代の身柄を加藤図書助順盛のもとに預け、岡崎へ使者を立てて、

「竹千代君はわが方で預かっているので、わが方に降参されよ。聞き入れなければ、幼君

の一命は保証できない」

と申し入れた。このいきさつは、徳川家の正史『徳川実紀』や、あの大久保彦左衛門忠教が子孫に書き残した『三河物語』に詳しいが、『三河物語』では憎しみをこめて、

「戸田少弼は織田家に銭千貫で竹千代様を売った」

と書かれている。信長が内裏の修理費として献納した金額が銭千貫であったから、千貫といえばかなりな額である。織田方から申し入れを受けた松平広忠は、

「竹千代は織田方に預けたものではないので、存分に処分されよ」

と返事した。織田信秀も、さすがに広忠の義心に感じたのであろうか。竹千代を殺すわけにもいかず、初め熱田の加藤家、後には名古屋の万松寺天王坊に閉じ込め、厳しい見張りをつけた。

一方、駿河の今川義元も事情を知って、

「人質は出発したが、盗み取られて敵方へ売り渡されたのでは是非もない。侍の義理は見えたので、このうえは松平方に加勢しよう」

と、天文十七年（一五四八）、軍師の大原雪斎を総大将に、駿河・遠江・東三河の軍勢を派遣してきた。今川・松平連合軍と織田軍が激しく戦って、織田方が敗退、一旦陣を退いた。

小豆坂の合戦（第二次）である。

翌年の天文十八年三月に広忠は家臣に暗殺された。織田方の刺客の仕業だったという説もある。二十四歳だった。この年十一月に今川義元は雪斎を総大将に、安祥城を攻めた。かつて清康の本拠だった安祥城は、この時、織田方に奪われていて、信長の庶兄、信広が守っていた。織田方は今川・松平軍に包囲され、信広が捕虜になった。ここで雪斎が信広と竹千代の捕虜交換を申し入れ、天文十八年十一月十日、竹千代はようやく織田方から岡崎に帰され、そのまま引き続き今川方の人質として駿府に送られた。

こうして竹千代の尾張の拉致生活は終わった。家康が数え年六歳から八歳までの約二年間であった。一族の結束が際立つとされた松平家でさえこんな事態が起きた。拉致事件発生後、すぐ松平家から事件を起こした戸田康光討伐の兵が送られ、戸田家は消滅している。それにしても、なぜ戸田一門が織田方に通じたのかは、疑問が残る。戸田家の所領地は渥美半島の中ほどにあり、岡崎と駿府の間で、当時の形勢からいえばむしろ、今川・松平勢力圏で、織田圏からはかなり遠い。このような事件を起こせば、兵力を差し向けられることは目に見えている。それを承知のうえで、なおかつ拉致に踏み切る背景があったのであろう。主家を裏切ることは、日常茶飯の戦国時代であった。

●武名をあげた久秀

そのような中で、松永久秀の大和侵攻が進められていた。攻め込まれた大和一円の国人・豪族にとって一大事であったのは当然だが、攻め込む側の松永方にとっても、決してなまやさしい軍事行動ではなかったに違いない。

さて、松永久秀の前面に立ちはだかった最大の敵は筒井順慶一党であった。元来、大和は鎌倉時代から一国が興福寺の支配に任されていた。守護大名の代わりに興福寺があったという全国でも特異な国土であった。筒井一族も、もともと興福寺の配下にあって領地経営に当たっていた。戦国期になって、その興福寺の支配がゆるみ、国人たちが、農民から上納される税を横領するようになった。さらに一向一揆が各地で旗をあげた。そんな大和に松永軍が侵攻してきたのである。

筒井氏はじめ、越智氏、井戸氏はいずれも大和土着の豪族たちである。その中に乗り込んだ松永久秀は、一時的には強力な軍勢で大和一円を勢力下に置いたとしても、土着勢力はいつ息を吹き返すかわからない。しかも味方と思っていた国人たちが、いつ相手側に寝返らないとも限らない。それが戦国の常であることは、高山氏、松平氏の実体を見ても容易に理解できるであろう。まさに戦国は果てしない無間（限）地獄であった。

松永久秀は、大和制圧の軍事行動だけでなく、京、摂津、河内の攻防にもしばしば参加した。永禄四年（一五六一）七月、近江の六角義賢が細川晴元の二男定頼を担いで、晴元勢だった浪人たちを集め、河内・紀伊に拠る畠山高政はじめ、安見美作守、遊佐河内守や根来衆と示し合わせて、京の東方勝軍地蔵山に立て籠った。京と河内・摂津を制していた三好勢を東西から挟撃しようというのである。

畠山方は味方の河内・紀州勢をまとめて、岸和田周辺に陣を張った。〝鬼十河〟といわれた三好長慶の弟、十河一存《そごうかずまさ》が前年の永禄三年、有馬温泉へ湯治に行って落馬、死去している。『足利季世記』によると、

永禄三年十二月、十河一存は皮膚病を患い有馬温泉に湯治に出かけた。そのころ一存は久秀と不仲になっていたが、有馬に向かう途中、たまたま久秀と行き合った。久秀は「有馬温泉の神さま（権現）は馬が嫌いな神さまと聞いています。乗馬はなさらないがよいでしょう」と忠告した。しかし一存は久秀の忠告に耳をかさず、葦毛の馬に乗って湯治に出かけた。案の定、一存は落馬して生命を落とした。運命が尽きたとはいいながら、あっけないことであった。

と書かれている。一存の死で、長慶を支えていた三好実休・安宅冬康・十河一存の三兄弟の一角が崩れ、一存の入っていた岸和田城が主のいない城になっていたのに力を得て、畠山

方が諸軍勢を繰り出した。三好側も実体を大将に安宅冬康、篠原長房らの阿波軍、淡路軍など七千人を投入して、畠山方と対陣した。永禄五年（一五六二）の久米田の陣である。

一方、近江勢は永原安芸守を大将に一万余騎の軍勢で、京の東側から攻め寄せた。三好側は長慶の嫡男、義興を総大将に、勝軍地蔵山に籠る近江勢を攻めた。義興はまだ弱年であったので、松永久秀が出動、斎院に陣を張って義興軍を支えた。京東部の戦況は、互いに足軽を出し合って白川周辺で小競りあいを続けていたが、近江勢は冬に向けて城壁を補強するため、城周辺の竹や木を伐って補修材にしようとした。これまでは山の麓の繁みに伏兵がいるかもしれず、攻めかねていた三好勢は、繁みが伐られて見通しが良くなったため、伏兵の心配がなくなり、松永久秀、松山新太郎が大将となって一万余の兵力で一気に攻め寄せた。ちょうど近江方は、大師講というお祭りがあり、十一月二十三日から二十四日にかけ、永原安芸守の軍勢の半数以上が近江に引き揚げていた。残った兵たちもたまたま愛宕精進の日で、火を使った食物を断ち、酒も飲まず、気勢が上がらない。そこへ三好勢が押し寄せた。

永原安芸守は退くことを知らぬ猪武者《いのししむしゃ》で、五百騎ばかりの小勢で応戦、真一文字に突っかかってきた。三好勢は、こんな小勢で大軍にかかって来るのは、何か企みがあるかもしれない、と二、三丁ばかり退いた。近江勢は勢いに乗ってさらに進んできたが、松永久秀は、敵の後に続く軍勢がないのを見きわめ、永原勢を取り囲んで攻めたので、永原勢は半数以上が討たれて退いた。しかし安芸守ら残った侍六十三人が、太刀を抜いて火花を散らした。大将の安芸守は鎌槍を使って七、八人を突き伏せたが、助勢もなく、結局、久秀の家中の中西権兵衛という武士に、組み伏せられて討ち取られた。

久秀軍は、鬼神のように恐れられた永原を討ち取って気勢大いに上がり、新手の一万余騎を引きつれて京北神楽岡に押し出した。久秀は丘に上って軍扇を手に、

「敵は小勢ぞ。何ほどのことかある。かまわず押し込め」

と、味方を励ましたが、六角方に三雲三郎左衛門という弓の上手がいて、攻め上れば射立てられ、手負いが数知れぬ有様になった。久秀は、

「永原安芸守を討ち取れば当方の勝ち戦だ」

と、いったん軍勢を引き揚げた。

一方、永禄五年、畠山高政が紀州勢を引き連れて岸和田の城を攻め、岸和田の後巻きに繰り出した三好実休は、和泉国久米田に陣取った。この年三月、畠山高政は軍勢を二手に分け、その一手が岸和田城を攻めた。三好側は四国勢の篠原右京進を大将に根来寺衆を攻め、いま一手は実休が総大将になって畠山勢と向き合っていた。篠原勢は初め攻め勝っていたが、紀州の湯川宮内少輔らが二番手として攻め寄せ、篠原勢が打ち負けて退いた。実休の軍勢の中にいた三好山城守、下野守らが実休陣を離れて湯川勢に立ち向かい、一気に戦いの雌雄を決

めようとした。このため実休の本陣は手薄になった。これを見た畠山高政は、残る一手の軍勢で、一気に実休陣に切りかかった。主力が留守になっていた実休陣営の旗本たちは大将の実休に、

「ここは急ぎ退いて下さい」

とすすめたが、実休は、

「私の運命もここまでということだろう。尋常に討ち死にしよう。私は主君の細川讃岐守さまを討ちたてまつった。主君の霊魂が夢に出て来るのもたびたびだ。今日は讃岐守さまを討った三月五日の命日である。このたびの戦でわが軍が討ち敗けたのは、ただごとではない。素直に運命に従って討ち死にするしかない」

と。

草からす霜またけさの日に消えて報いの程はついに逃れず

の歌を残して、敵中にかけ入った。根来衆の往来左京という侍が首を討ち取り、高々と差し上げた。総大将の討ち死にで三好軍は散り散りになり、高屋城も落ち、岸和田城にいた安宅冬康も、城を明けて引き揚げ、三好長慶のいる飯盛城以外は、一つ残らず陥ちた。これが三好家隆盛時代に一つの区切りをつけた久米田の合戦である。

この時、畠山高政軍は、三好長慶の籠る飯盛城を一気に攻め落とそうとした。松永久秀は、主君の危急に、京から飯盛城にかけつけ、長慶に、

「実休殿が討ち死にし、周囲の高屋城、岸和田城も落城して、この城は八重、九重に取り巻かれています。急いで味方の軍勢を集めて、敵を追い払わねばなりません」

と進言したが、長慶は色紙や短冊を取り出して和歌を吟味しながら、

「万事はぬしに任せる。よきに計らえ」

と動ずる色もない。長慶はこの時、すでにぼけ症状が始まっていたという説もある。久秀は方々の三好方に催促し、長慶の嫡子・義興を大将に、日向守政康ら畿内の三好一党を始め、安宅《あたぎ》冬康ら四国・淡路勢も呼び寄せて三好軍の態勢を立て直した。

ここで久秀は謀りごとをめぐらし、三位という法師武者を陣僧に仕立て、畠山方の大将の一人、安見美作守の陣所に手紙を持たせた。美作守が手紙を読んだところへ、使いの陣僧が立ち返り、

「相済みません。この手紙は美作守さまへお持ちするものではありませんでした。遊佐河内守さまにお届けするはずのものでした」

と取り戻して行った。手紙の内容は、

「再度の内通、珍重に候。近日高政父子を誅殺なされる由、目出度く存じ候。その時は当

方から軍勢を出して、即時に勝負を決しましょう」

とあった。宛先は遊佐河内守となっていた。内通連絡の手紙である。安見美作守はすぐに総大将の畠山高政に知らせた。高政は、

「これは敵が仕掛けたワナだ。唐の軍書にこんな謀りごとがあったと聞いている。どっしり構えて驚くな」

と下知した。ところが翌日、遊佐河内守が、高政の長途の野戦を慰めようと、陣屋の中に湯槽《ゆぶね》を造り、高政に入ってもらって、種々の酒肴を饗応したいと、使いを出してきた。お供には誰々をお願いしたい、と使いの口上を聞いた畠山周辺の諸将が、

「はて、昨日の話に符合する。遊佐河内守に逆心あって大将の高政殿を討ち取ろうということだ」

と推測して、われ先に退いたので、夜になって高政も烏帽子形の城に引き退いた。他の紀州勢も夜明けを待って退いた。三好側一万五千の軍勢は一団となって追い討った。この追撃戦で、畠山方の湯川宮内少輔直光ら当時名を知られた侍衆八百余人、根来衆二百人が討ち死にした。三好方は討ち死に三百人、負傷千余人だった。教興寺（大阪府八尾市）・葉引野（大阪府羽曳野市）の戦いである。畠山高政は、やがて烏帽子形の城にも居られなくなり、堺に落ちて行った。

こうして三好軍は、畠山軍に大勝し、中心となって活躍した久秀は一挙に武名を上げた。河内・和泉・摂津・大和・山城五カ国の国人衆は悉く三好に従った。京の東、勝軍地蔵山に在城して度々合戦を繰り返していた六角衆も、畠山が落ちて行ったと聞いて、二万余人の軍勢を江州に引き揚げた。

「この雲行きでは一戦しても仕方がない」

と、おめおめ引き返したと、京童のあざけりを受ける始末であった。

久米田の合戦での三好実休の戦死は、後に三好一族が将軍足利義輝を襲撃する動機となったことは、すでに本書の冒頭で述べた。実休戦死の頃までの三好長慶の軍事力は、長慶の三人の弟——実休・安宅冬康・十河一存の四国勢に負うところが大きかった。久米田合戦以後は三好三人衆と松永久秀・長頼兄弟が三好勢の中核となっていく。

●久秀の大和支配

永禄五年（一五六二）三月、畠山高政が敗れて和泉堺に逃れ、高屋城は再び長慶の勢力下に入った。この戦いで大和の国人の一人、十市遠勝は、畠山方から三好長慶・松永久秀方に移った。三好・松永体制が畿内一円を配下に収めた絶頂期であった。九月にはかねてから対立していた伊勢貞孝父子を山城長坂山（京都市北区）に攻撃して敗死させた。こうした中で松永久秀の大和支配も順調に進んだとみられる。

しかし、大和は摂津や河内のように一面平坦な土地でなく、盆地部の周囲は山で囲まれている。中でも南半分は高峻な紀伊山脈が連なり、軍勢が立ち入ることも難しく、南北朝時代に南朝――吉野朝廷が立て籠った山地であった。また東側の木津川沿いの笠置から、大和川上流の宇陀郡にかけても、笠置山脈の山々が続き、所々に小さな盆地があって小領主が割拠している。その東側はさらに伊賀盆地にまで続いている。大和盆地は国中《くんなか》と呼ばれ、山岳地一帯は山中《さんちゅう》と呼ばれて区別されていた。国中で敗れた筒井一党は、山中に逃れて回復の時を待つ――といった状勢が続いた。

永禄六年（一五六三）正月、松永久秀は多武峯衆徒を攻めたが、敗北して壺坂まで退き、久秀が和睦の勅書を申請して戦いの幕引きをした。久秀は京での政治力に頼って敗戦の後始末をしたわけだ。久秀の大和支配は一進一退というところであった。こうした中で永禄七年七月、久秀の主君の三好修理大夫長慶が、河内飯盛城で没し、十河一存の長男で長慶の養子となった重存《いわなり》（後に義継）が後を継いだ。そして永禄八年五月、義継の下に集った三好長逸・同政康・石成友通の三好三人衆と松永久秀の軍が、将軍邸を包囲して、義輝を殺害する事態が起きる。実はこの時、松永久秀は自らは出陣せず、嫡男の久通が松永勢の指揮を取ったことはすでに述べた。

永禄八年十月、丹波の波多野晴通が、山城長坂口（京都市北区）に出陣すると、松永久秀は多聞山城の竹内下総守秀勝を派遣して撃退させたが、大和の松永軍が手薄になると、たちまち山中の豪族たちや筒井方残党が騒がしくなってきた。反松永の包囲体制が出来上がり、数日後、急ぎ山城から帰った竹内下総守の軍勢は、そのまま南下して釜口（天理市）に本陣を構えて包囲陣に対抗した。大和国内の豪族たちは松永方に属するもの、松永派に対抗するものの二派に分かれて小競り合いが繰り返された。

永禄八年十一月、三好三人衆が三好義継を擁して、松永方の守将のいた飯盛城を攻略し、松永久秀との友好関係を絶った。そんな中にあっても松永久秀は、大和鎮圧の手を緩めず、この年、筒井藤勝丸（六郎、後に順慶）を筒井城に攻めて陥れた。藤勝丸は布施城（北葛城郡新庄町）に逃れて抗戦した。十二月には井戸氏が、松永方の古市郷（奈良市）を焼くと、井戸救援のため筒井党の中坊《なかんぼう》駿河守が二千の軍勢で出動、松永方に占拠されていた井戸城（天理市）を取り戻す動きもあった。反面、郡山の向井氏が松永方に寝返る事態も起きた。大和国内の混乱の中へ、松永と袂を分かった三好三人衆が軍勢を繰り込んできた。松永、筒井両軍のつば競り合いが続くなか、三好三人衆の軍勢まで加わって、大和の情勢は予断を許さない状態が続く。

そして、永禄十年二月、三好家の養子・義継は三人衆との間に対立を起こし、和泉堺に久秀を訪ね、協力を要請した。同年四月、久秀は義継を擁して堺から信貴山城に入城、さらに義継とともに多聞山城に移った。筒井順慶は奈良まで進出していた陣を解いて、筒井城に入った。ここで三好三人衆が筒井側と手を組んで松永久秀を攻めるため、一万余の軍勢を引き連れて、奈良近辺に陣取り、奈良の町は戦乱の巷となった。五月に入ると、さらに池田勝正らの軍勢一万余が三人衆側に加わり、東大寺念仏堂に陣を敷いた。筒井順慶の軍も大乗院山に陣した。

松永方は多聞山城から軍勢を出し、般若寺・文珠堂・仏餉屋、さらに戒壇院の授戒堂・北水門・南水門などを焼き払った。これらの建物が敵の陣所にならないためだった。そうした破壊や焼き討ちは双方から行われた。

「その炎は天に輝き、鯨波大地動くばかり」

と『多聞院日記』(興福寺僧の英俊著)に書かれている。また松永方の信貴山城の軍勢が、箸尾衆と手を合わせて、筒井の本拠、筒井郷の椎木(大和郡山市)や小泉(同市)辺りに放火した。あまりの混乱に、六月筒井順慶が三好三人衆に対して松永との和睦を勧める動きもあった。播磨の別所長治の軍が三好三人衆援助のため、大坂から大和に入った。松永方には根来寺衆が、大挙して大和に入った。大和の戦乱は河内・紀伊・摂津・播磨の軍勢まで巻き込んで、畿内一円が騒乱状態となった。

そして永禄十年（一五六七）十月十日、東大寺大仏殿の三好三人衆の陣へ、松永方が多聞山城から攻撃を仕かけ、合戦が繰り返されるなかで、丑の刻（午前二時）に、あの大仏殿焼亡が起きた。大仏殿に陣取っていた三好三人衆は敗れ、後巻きのため東大寺南側の氷室山（奈良市）に陣取っていた播州別所の軍勢なども、ただちに自陣を焼いて退去した。

四国阿波の平島にいた足利義継（義冬）の子、義栄（義親）は、三好方の武将、篠原長房に擁せられて摂津に上陸、上京の機会をうかがっていた。上京は果たせないまま、永禄十一年の二月八日、念願の十四代将軍となったが、その年の九月に摂津富田であっけなく没した。そして同じ九月に、織田信長が足利義輝の弟、義昭を奉じて入京した。松永久秀は、配下の柳生石舟斎宗厳《むねよし》を介して信長に誼《よしみ》を通じ、人質を入れ、大名物茶器の九十九髪《つくも》（付藻）茄子茶入を献じて信長の配下に入った。久秀の天下の情勢を見極める眼力は見事なものがあったといえよう。

十月信長は久秀に大和一国の支配を認め、細川藤孝、和田惟政、佐久間信盛に命じて、二万の軍勢で久秀を援け、大和の諸城を攻めさせた。久秀と対抗してきた筒井順慶ら大和の国人衆も、信長の配下に入って久秀と対抗しようとしたが、許されなかった。ひと足早く信長方についた松永久秀の機敏な行動が功を奏して、反松永だった大和の諸城が次々と陥落。柳本氏、福智氏といった有力な豪族たちが松永方になった。十二月七日の貝吹城（高市郡高取町）の攻防は、中でも激しかったようだが、二十三日には松永久秀が美濃の信長のもとにあいさつに行っているところからみて、久秀の大和制圧は一段落したとみられる。

永禄十二年（一五六九）には久秀は息子の久通とともに、三好義継、畠山高政の軍勢、摂津・河内・和泉の兵を率いて、大和各地で有利な戦闘を展開していた。十月には久秀が多聞山城下の法蓮郷（奈良市）で楽市楽座の市を立てているところから見ても、大和国内の形勢は、松永方にとって安定した情勢にあったようだ。この間も筒井順慶を中心とした大和国人衆と松永勢の抗争は続いていたが、三好三人衆との合戦は、おもに摂津・河内で行われていた。

元亀元年（一五七〇）七月に、松永久秀父子が河内に出陣したすきをねらって、筒井順慶が、またまた五百余の軍勢で十市城に入った。織田信長と対立していた本願寺光佐は、三好三人衆と挙兵、また光佐と誼《よしみ》を通じていた浅井長政・朝倉義景らが、信長のすきをうかがって挙兵した。松永久秀は三好義継とともに信貴山城で、三好三人衆と一向門徒に対抗した。

ここで織田信長の用兵と、松永久秀の用兵に大きな溝があった点に気がつく。信長は、それまで配下の武将に割り当てて兵力を出させ、巨大な軍勢を組織してきた。松永久秀も、信長の作戦に沿って軍勢の派遣を要請されたと思われる。しかし大和を抱えた久秀にとって、信長の注文に応じてさほどの兵力を割くことはできない。軍勢を遠隔地に派遣すれば、たちまち大和各地に反松永の動きが表面化する。久秀にとって軍勢を派遣できるのは、せいぜい京都周辺か、大坂の石山本願寺包囲の軍を差し出すのが関の山であったと考えられる。その程度の範囲であれば、大和に大きな動きがあっても、なんとか軍勢の一部を回すことができる。しかし信長の注文はもっと遠隔地への、まとまった軍勢の派遣であったのではないか。松永久秀は、そんな信長についていけないと、元亀元年五月、大坂石山の本願寺光佐が武田信玄に誼を通じると、久秀もひそかに信玄と結び、同時に、それまで対立を続けていた三好三人衆とも結んだ。この年八月になって筒井順慶が城塁を辰市（奈良市）に築くと、久秀は三好義継とともに信貴山城から出陣して、順慶の兵と戦ったが大敗して多聞山城に逃れた。この合戦で久秀の甥の左馬進、孫四郎以下、河内衆・大和衆あわせて五百余人が討ち死にし、久秀としてはかつてない敗北であった。

この時の久秀の敗戦は、大和の情勢を大きく変えた。『大和軍記』（『大和記』）ではいま少し詳細な記述がある。

井戸十郎が筒井順慶と心を合わせ、松永に対し敵の色を立てたので、久秀は信貴山城から一万余りの人数で押し出し、辰市の城を取り囲んだ。十郎が堅く守っている所へ、順慶が宇陀郡から十市、越智両氏の軍を引き連れて、山伝いに辰市の東の山に出陣した。そのうえ郡山の城主小泉氏や、その他順慶一門の歴々を、すべて反松永に結集、順慶の後詰に従わせた。久秀は辰市の城に押さえを置いて、旗本の兵を順慶に向け、合戦となった。井戸十郎も城門を開き、城内の兵が一丸となって突いて出た。この勢いに松永方の押さえの軍兵たちはもちこたえられず、奈良の中心部へ逃げた。十郎はこれを追い捨てて、松永の本陣へ横手から突っかかったため、松永軍は総崩れとなった。多聞山城に退き取ろうとしたが、道筋を押さえられている。仕方なく奈良の南東部の京終《きょうばて》経由の脇道を通り、町屋に放火して、その煙にまぎれて、ようやく多聞山城に逃げ込む有様であった。この時、松永方の歴々衆が数多く討ち死にした。

後を追った順慶は、多聞山城に押し寄せて、一気に松永久秀を討ち取ろうといったが、参謀役の島左近、松倉右近の二人が「今多聞山へ押し寄せても、なかなかすぐには落とすことはできないでしょう。とすれば、わが軍の被害も考えなければなりません。まず近くの城を取り、信長に味方して、織田軍に後詰してもらい、そのうえで久秀を討ち果たすのが上策でしょう」と進言した。

信長への取り次ぎは明智光秀に頼んで、味方を申し入れ、畿内一円の合戦には忠勤を励むと言上、受け入れられた。その間、辰市の東南に城を築き、多聞山城へは毎日のように兵を出したが、足軽の競り合いだけで、合戦には至らなかった。

ここに出て来る島左近は、後に石田三成が豊臣秀吉から水口《みなくち》二万石を与えられたとき、自らの禄高の半分を与えて召し抱えた逸材で、三成が佐和山の城主になった時、「治部少（三成）に過ぎたるものが二つある。島の左近に佐和山の城」と歌いはやされた。関ヶ原の戦いには西軍の参謀役にもなっている人物である。筒井順慶が、松永久秀と対抗して長年にわたって屈することがなかったのも、この島左近の働きに負うところが大きかったのではないか。

元亀三年（一五七二）に入っても、大和では松永・筒井双方の攻防が続いた。この年の正月、本願寺光佐は武田信玄に、織田信長の背後をおびやかすよう求めた。四月には朝倉義景、浅井久政・長政父子に信長に対抗するようすすめて、信長の孤立化をはかった。翌年二月には、将軍義昭も信長から離れ、朝倉・浅井・武田と謀って信長を討とうとすると、松永久秀も武田信玄に通じ、信長包囲陣に加わろうとした。

● 没落への軌跡

松永久秀の離反は、すぐに織田信長の知るところとなった。天正元年（一五七三）七月、信長軍が出動、山城各地を焼き、奈良に入って多聞山城周辺でも乱暴を働いた。八月、信長は浅井久政・長政父子を小谷城に攻め滅ぼし、将軍義昭と結ぶ三好義継を河内若江城（東大阪市）で敗死させた。武田信玄はその前年の元亀三年十二月に、上京をめざして出兵、徳川家康を遠江《とおとうみ》の三方ヶ原に破って、その居城浜松城に迫ったが、陣中で急病に倒れ、武田軍は本国の甲斐に引き返している。武田に誼を通じていた久秀は、状況不利とみて、天正元年十二月に、信長に降り、多聞山城を明け渡して許された。

大和での久秀の宿敵・筒井順慶は、この事態に乗じて天正二年正月、岐阜に向かい、信長の配下に入った。多聞山城には最初、明智光秀が城番として入城、三月には柴田勝家が替わり、諸政を執り行った。一月下旬には信長が三千余の軍勢を率いて多聞山城に入城している。この時、朝廷に上奏して、東大寺正倉院の香木・蘭奢待《らんじゃたい》の切り取りを許され、多聞山城入城の翌日一月二十八日、その香木五切れを切っている。大和の国人衆の多くは信長上洛のとき、あいさつのため上京している。また多聞山城入城のときは、

当国衆悉く迎いに上る。神人百人、地下衆一町より十人ずつ、肩衣《かたきぬ》・袴にて木津まで迎いに出、六方衆少々般若寺まで出らる。事々しき儀也。

と『多聞院日記』にあり、蘭奢待《らんじゃたい》切り取りについても、

勅使三人が同行。蘭奢待は長さ五尺、丸さ一尺ほどの木也。これを切り取ること先例になし。三庫(正倉院)へ東大寺の衆、法眼以下まで出仕され、これを見る。大仏師これを切る。

と書かれている。

天正二年七月に信長は伊勢長島の一向一揆に出陣したが、この長島一揆に呼応して、大和今井惣郷の今井兵部が信長に対抗する動きを見せた。『大和軍記』は今井兵部について次のように記している。

今井村と申す所は、兵部と申す一向坊主が支配する新地である。この兵部という人物は器量のある者で、四町四方に堀をめぐらしている。大坂の一向門跡光佐が信長に反逆したとき、この兵部も今井近辺で放火するなどしたので、信長が筒井順慶と明智日向守に命じて攻めさせた。両将が半年ばかりも攻めたが、ついに陥ちなかった。しかも明智方手先へ度々夜討ちなどしてきた。

大坂石山本願寺が信長と和睦したので、今井も和睦となった。兵部は信長に赦免され、従前同様に今井の支配を続け、信長から朱印をもらい、その後豊臣秀吉の時代にも、同様に朱印をもらって今井の支配をし、ここに住んでいた。

大和は国人相互の対立のほか、こうした一向一揆も発生して、不安定な国情が続いていた。松永久秀の大和支配は、支配の拠点の一つ多聞山城を失って、大きく後退した。一方で久秀の仇敵、筒井順慶が信長への接近を強めている。天正二年四月、本願寺光佐が兵を挙げて信長に抗し、三好康長、遊佐信教らが河内の高屋城（羽曳野市）に拠って光佐に応ずると、信長は河内に出陣したが、このとき筒井順慶は信長の指示で参戦している。また天正三年五月の長篠の合戦には、筒井の鉄砲衆五十余人が信長軍として参加している。長篠の合戦は、武田信玄の子・勝頼が父信玄の遺志を継いで三河に進出し、織田・徳川連合軍と戦って敗北した戦いであるが、織田方が鉄砲三千挺をそろえ、三段射ちの連続射撃の戦法を編み出し、武田騎馬軍団を壊滅させたことで知られる合戦である。その織田鉄砲隊に筒井衆も加わっていたのである。数は少ないとはいえ、配下の武将から軍兵を集めて大軍団を組織する織田戦法に、筒井順慶が適合していったと考えられる。

天正三年(一五七五)、信長は山城守護の原田直政に大和守護を兼任させた。先に松永久秀に大和一国の進退をあずけた信長は、久秀からその権限を取り上げたことになる。四月に信長は大和の十市郷を三分割して、その一を原田直政に、その一を松永久秀に、残る分を折半して、当時、松永派と筒井派に分かれていた十市氏の両派にそれぞれ与えた。この時期、久秀は大和支配の職は解かれたものの、なお織田方の一武将としての処遇は受けていたわけだ。

天正四年四月、本願寺光佐は前年の和睦を棄てて再び石山本願寺に拠って信長に抗した。信長は明智光秀、長岡(細川)藤孝、筒井順慶らを派遣して攻略させたが、五月になって山城・大和の守護、原田直政が摂津の戦いで敗死した。このため信長は直ちに筒井順慶に大和支配を委せた。ここに大和守護職は順慶の手にするところとなった。

織田信長は本願寺光佐を石山本願寺に攻めていたが、天正四年六月に、将軍義昭が上杉謙信と武田勝頼の双方に、和睦して信長を討つように働きかけた。翌五年八月には義昭は武田・朝倉・三好の諸氏を糾合して再起を図り、毛利輝元にも援助を求めた。この動きに呼応して、織田方の石山包囲陣の一翼に参加していた松永久秀・久通父子が、にわかに兵を退いて信長に叛き、信貴山城に拠った。久秀にとって、山城・大和守護の原田直政の戦死の後、年来の宿敵である筒井順慶が大和守護に任ぜられたことが、我慢できなかったのであろう。

信長は茶人の松井友閑を久秀のもとに遣わしたが、久秀は友閑に会おうともしない。このうえは久秀が差し出していた人質を成敗するほかないということで、久秀の甥金吾の子二人が京都に呼び寄せられた。まだ十二、三歳の少年だった。「死ぬる子みめよし」のたとえの通り、姿・形のやさしい子らで、二人を預かっていた村井長門守は、

「あすは内裡へ走り入って助けを求めなさい」

と申し聞かせ、髪を結い、衣裳も美しく改めさせたが、少年たちは、

「もっともでございますが、とても命は助からないでしょう」

と死ぬことは覚悟の様子だった。

「それじゃ親兄弟に書き置きを残しなさい」

と硯《すずり》と筆を渡すと、

「親への書き置きは不要です。ただこれまで世話になった佐久間さまに一筆残したい」

と、人質として預けられていた佐久間与六郎宛に、

「これまでのねんごろなお世話、有り難いばかりです」

と書いて、そのまま表に出、一条の辻で車に乗せられ、六条河原まで曳き回された。町の人々が見物するなか、顔色も変えず、西方浄土に小さな手を合わせ、二人で声高に念仏を唱えて、首をはねられた。見る人、あまりの哀れさに涙を流さない人はなかった。

信長は久秀謀叛と同時に、息子の城之助信忠を総大将に、松永討伐の軍勢を派遣した。筒井順慶が、長年の宿敵松永久秀が、織田軍の矢面に立ったのを喜んだのは言うまでもない。久秀は、大軍の総攻撃に弓折れ、矢尽きて天主に火をかけ、自刃して果てた。六十八歳であった。

『大和志料』によると、信貴山城落城の後、筒井順慶が久秀の遺骸を引き取って、信貴山に近い達磨《だるま》寺（奈良県北葛城郡王子町本町二丁目）に葬ったことが書かれている。達磨寺本堂の西側墓地に、久秀の墓とされている高さ一メートルほどの古びた卵塔がある。

王子町の達磨寺というのは、聖徳太子の創建と伝えられる由緒のある寺で、長い歴史の中で荒廃、再建が繰り返されたが、現在の堂宇の大半は天正五年（一五七七）建立のものという。松永弾正の墓とされる卵塔は、風化が激しく、碑面の字が読めなくなっているが、寺記

によると、

「松永弾正久秀墓　天正五年十月十日」

の文字があったという。

小さな卵塔は案内板もない。訪れる人はほとんどなく、ひっそりと塀のかげにたたずんでいる。

達磨寺本堂西側の塀のわきにひっそりと佇む卵塔。松永久秀の墓とされている。

松永久秀の自刃以後は、大和一国が皆筒井順慶の手に入り、筒井氏の武威はいよいよ盛んになっていった。天正十年六月、本能寺の変で信長が死んだ後、山崎の合戦で明智光秀が秀吉に討たれるが、この時、洞《ほら》ヶ峠で形勢を観望したといわれたのが筒井順慶である。光秀と縁の深かった順慶にしてみれば、いずれにつくか迷うのも仕方のないところである。その順慶も翌天正十一年五月に病没した。

第五章　久秀を支えた人々

●豪勇を謳われた弟長頼

松永久秀は素性が明らかでなく、肉親も少ないとされているが、終生久秀の支えとなったのは弟の長頼（甚介、蓬雲軒）であった。

室町幕府の末期、幕府政治体制を支配していた細川惣領家（京兆家）の細川晴元は、天文十八年（一五四九）六月、摂津江口の戦いで三好長慶に敗れる。江口の戦いは、明応二年（一四九三）以来の細川京兆家専制支配に終止符を打った画期的な事件だった。

この前年、甚介は、晴元と家督を争った細川氏綱から幕府の料地だった山科七郷を知行地として与えられている。『足利季世記』では巻五の天文二十年の項に松永兄弟が初めて登場しているが、

三好筑前守長慶が、家老の〝松永甚介兄弟〟を江州志賀表に出陣させた。近江の六角義賢の軍勢が、これを聞いて琵琶湖を押し渡り、松永兄弟はその戦いに敗れて退いた。

とあり、この頃は兄の久秀より、弟の甚介の方が目立った存在であったらしい。知行地の山科七郷拝領は、それまでの武功が認められたのであろう。

久秀は没年から逆算して永正七年（一五一〇）の生まれと推定される。甚介はその二、三年後の出生だろう。甚介は当初から勇猛果敢な武将で、生涯を戦陣に過ごした。

三好長慶が京の実権を握ると、久秀は長慶の執事として、京に留まって、京の防衛と中央政治を取りしきった。一方、甚介は、丹波平定の指揮者として、丹波に常駐していた。細川晴元は京を追われてから、近江や丹波の国人の一部と連絡を取って、しばしば京回復の兵を起こしており、久秀の京防衛には、甚介が旗本の兵や、一部丹波勢を引き連れて久秀に合流し、侵入軍と戦っている。この間三好長慶は本拠の摂津越水城（天文二十二年以後は芥川城）で指揮を執るという体制が続いた。三つの拠点は流動的で、長慶・久秀・甚介が合流して京、あるいは丹波で敵に当たることもあった。

ここで丹波の地勢と歴史を概観してみよう。丹波は京の西北の山越えに広がる地域で、山々や河川が複雑に交錯しており、地形が天然の要塞ともいえる土地である。南北朝の動乱以後、京都の政争や戦乱で敗北した将軍や管領たちは、ほとんど例外なくこの土地に身をひそめた。このため天下の覇権をねらう権力者たちは、常に丹波経略に努めてきた。

丹波の国は現在の行政区画では、京都府の西北部と、兵庫県の東端部に分かれており、まとまった地域としての印象が薄いが、もともと山陰道八カ国の一つで、京都に近いため、早くから開発の進んだ土地であった。

室町期には、山名氏、続いて細川氏が守護に任ぜられたが、戦国時代に入ってからは、京に近い口丹波《くちたんば》に勢力を張る八木城（京都府船井郡八木町）の内藤氏と、奥丹波を勢力圏とする八上城（兵庫県篠山市）の波多野氏が、果てしない戦いを続けていた。

内藤氏は三好氏と同じように、もともと細川氏の被官であったが、永享三年（一四三一）に守護代として丹波に入部した。一時守護代を更迭されたが、延徳元年（一四八九）の国人一揆で、守護代に復活した。天文十四年（一五四五）守護代の内藤国貞は細川晴元に背き、同十七年以降、三好長慶に属した。三好長慶は丹波での内藤氏の実力を買って、家宰である松永久秀の弟甚介（長頼）を丹波に派遣して、一時細川晴元方に攻略されていた八木城を奪回し、口丹波は松永氏の支配下となった。

八木城は本城の南部に五つの曲輪《くるわ》があり、その中心の曲輪にはごぼう積みの石垣が残っている。本城域の北側にも石垣遺構がある。丹波国内の中世城郭で石垣を用いている例は少なく、松永甚介の入城後、松永氏の築城技術が用いられて造営されたと見られている。

一方、奥丹波の波多野氏は、応仁の乱以後、多紀郡に小守護代として入部した。初代清秀の子、元清が八上城を築城し本拠とした。元清は周辺国人を被官化し、西丹波一帯に勢力を広げた。天文七年（一五三八）には、内藤国貞を八木城に攻めている。

天文七年九月一向門徒を利用して、長慶の父、三好元長を堺に追いつめて自刃させたのは管領細川晴元の被官、木沢長政と三好一族の三好政長であった。ともに管領晴元の信任が厚かった。同じ年の十一月に木沢長政は晴元の命を受けて、波多野氏とともに、八木城の内藤国貞を攻めて城を落とした。

天文九年、三好長慶は波多野稙通の娘を妻として迎えた。しかし長慶が京都で台頭してくると、管領晴元と長慶の対立が激しくなった。もともと晴元は、長慶の父元長を殺した元凶である。畿内は長慶に味方する一派と、晴元を仰ぐ一派とに分立する。丹波では波多野稙通・晴通父子と、一族の香西元盛、赤井時家らが晴元に属し、当然波多野一族と対立する八木城の内藤国貞は三好長慶に従った。このため天文十四年七月、長慶は妻を離別している。こうしたことから長慶と波多野一族の対立は厳しさを増していった。

八木城を奪われていた内藤国貞は、三好長慶の支援を受け、波多野晴通や三好政長が占拠していた八木城に猛攻撃をかけた。晴通・政長の軍勢は抗しきれず、八木城を捨てて退却、八木城は再び内藤氏の本拠となり、内藤国貞は失地を回復した。

元来、八木城の内藤一族は、細川高国の従兄弟、尹賢の子である細川氏綱に従っていた。細川高国を討つときに、内藤氏と波多野氏が協同戦線を張った時期もあった。氏綱は高国の相続人を称し、高国の被官だった武将らを集めて、細川晴元の打倒を企てた。こうして管領細川晴元には氏綱が次第に恐るべき存在になっていった。このため晴元は波多野稙通・晴通父子や、三好政長らに命じて、氏綱を支える内藤国貞の討伐をしようとしたのである。これが波多野氏と内藤氏の対立の起因となった。そして、その裏に細川晴元と氏綱の抗争、さらに晴元と三好長慶の対立が深く根ざしていたのである。

天文十五年（一五四六）になると、三好長慶の勢力は管領細川晴元を押さえて、京都の実権は長慶の手に掌握されていく。この年九月、晴元は長慶の圧迫で三好政長とともに丹波に逃れている。三好政長はいったん丹波の兵を率いて京に攻め上ったが、和睦となって兵を引いた。そして天文十八年には摂津江口の合戦で、三好政長は戦死、晴元は足利義晴と、その子・十三代将軍義輝を奉じて近江坂本に逃げる。足利義晴はその地で死し、長慶は京に攻め上った晴元勢を討ち破り、晴元を京から完全に駆逐する。長慶は父元長の自刃のときは、まだ十一歳。江口の合戦のときは、ようやく二十二歳である。この間、長慶を支え、三好勢が京に勢力を張ったのは、三好一族の力もあるが、松永久秀・長頼兄弟の支えが大きかった。

天文二十一年から弘治三年（一五五七）にかけて、細川晴元を戴く一派と、三好長慶に味方する一派との激烈な戦いが、五年間にわたり、主に丹波を中心に繰り広げられたが、結局、長慶側が晴元一派を完全に制圧した。

天文二十二年九月、京都の戦いで敗北した細川晴元は、従者八十人に守られて丹波に亡命した。晴元を迎えて丹波の晴元党は気勢大いに上がった。こうした動きに対応して長慶の軍勢は多紀郡八上城を攻めた。しかし波多野一族の激しい抗戦で長慶軍は敗走、逆に長慶党の内藤氏の八木城が波多野勢に攻め取られた。しかもこの戦いで、松永長頼の岳父であった八木城の城代家老の内藤顕勝が討ち死にし、城主の内藤国貞も、本目城で討ち死にした。激怒した松永久秀・長頼兄弟は、すぐに八木城を攻め立て、奪回した。

内藤国貞の一子千勝丸（後に貞勝）は、家老の湯浅宗貞に助けられて園部城を守っていた。内藤氏は国貞・顕勝らの柱石を失ったが、園部城や須知城は健在で、兵力は十分保持していた。しかも畿内の実力者である三好長慶の幕下にあったため、丹波では第一の実力者であった。国貞の死後、松永長頼は、三好長慶から丹波を所領とするよう言われたが、千勝丸を跡目に立てて、自らはその後見となり、口丹波を支配した。従って国貞以後の丹波内藤氏の戦いは、長頼の指揮下に進められたとみられる。

こうした間にも、長頼は丹波平定だけでなく、兄久秀に協力して、しばしば京周辺の防衛戦に出動している。

天文十九年十一月には、近江に入って大津などに放火した。この長頼の近江侵攻は、細川晴元とともに近江に逃げていた将軍足利義輝を驚かせ、義輝はそれまでいた中尾城（大津市）を焼いて、坂本に退き、さらに堅田に移った。

天文二十年二月七日には、長慶の指図で、長頼はまたも近江に侵攻した。このため義輝は六角義賢にすすめられて、二月十日に近江の西北の辺地朽木《くつき》に移っている。二十四日には長慶の兵が、近江の走井（大津市）で六角軍と戦い、引き揚げる長慶軍を追って近江軍が京に入ったが、長慶勢がこれを退けている。将軍不在の京都は、実力者長慶が支配し、松永久秀が行政を代行していた。

京への反攻が不可能と知った将軍義輝は、六角定頼のあっせんで長慶と和解し、天文二十一年一月、将軍は朽木を出発して京に入った。長頼らの再三の近江侵攻は、将軍義輝に近江の六角氏を頼って京を回復する道をあきらめさせたのであろう。

弘治二年（一五五六）四月には『厳助大僧正記』に、

「宇治橋新造、松永甚介（長頼）沙汰」

とあり、長頼は長らく廃絶していた京・奈良街道の宇治橋を架けて、京の街の復興に尽力したことがうかがえる。

ここで長頼の前に立ちはだかったのが、丹波三大城郭の一つといわれる黒井城の城主、荻野直正であった。直正はもともと荻野氏の被官、赤井氏の一族で、朝日城主であったが、天文二十三年（一五五四）主家の黒井城主荻野伊予守秋清を殺し、黒井城城主となった。直正は若い頃から戦いの場に臨み、戦のかけ引きを身につけた暴れ者であった。荻野秋清は直正の叔父で、黒井城主として所領はすこぶる多かったが、戦国乱世を生き抜く器量人でなかったため、家臣らが秋清に不満を抱き、直正にひそかに心を寄せ、謀叛を企てていた。家臣叛逆の原因となったのは、天文二十年に黒井城の支城・長谷城の城主秋山修理太夫が、八上城の波多野晴通に滅ぼされたが、これに対し秋清が何の対策も講ぜず、ただ傍観していたことからであった。このため直正の黒井城乗っ取りは、意外にスムーズに進行した。直正はこの時から自ら名を改め、荻野悪右衛門直正を名乗っている。悪右衛門とは思い切った命名だが、強者を意味する悪であったのか、叔父を殺害した自責をこめたものか、恐らく双方の思いをこめた名であったのだろう。

長慶と松永兄弟は、この前後三度にわたって八上城を攻めたが、いずれも波多野一門の激しい抵抗に遭って、失敗の連続であった。このため作戦を変更し、鉾先を八上城西北の氷上郡に勢力を張る赤井一族に向けた。赤井一族を従えれば、八上城の波多野一党を孤立化できるという目論見である。

弘治元年、三好・内藤両氏の連合軍が赤井一族を討つため香良村に集結した。赤井一族にとって大きな試練がやってきた。赤井一族が総力を挙げても、連合軍の兵力とは比較にならない。そこで赤井一族を率いる荻野直正らは、先手を打って香良村の長慶党の本拠に奇襲をかけた。香良村は裏山が峻険な山地で、村全体が天然の要害になっていた。少数の兵力で大軍を相手にするには奇襲戦法しかない。両軍激しい衝突を展開、三好・松永・内藤軍は赤井一族の予想以上の奮戦、中でも荻野直正の豪勇ぶりに、たじたじとなって口丹波に敗走した。これが丹波合戦史の中でも、最も激烈をきわめたといわれる香良合戦である。この合戦で赤井信家は討ち死に、直正の兄の高見城主・赤井五郎家清は敵の太刀で脇腹を刺し抜かれて深傷を負い、重傷の床に臥したが間もなく死亡した。以後、赤井一族の実権は荻野直正にゆだねられた。直正も矢傷、刀傷を負い、側近に背負われて帰城する有様であった。

弘治三年（一五五七）十月、三好長慶側がまたまた八上城へ出陣、ようやく八上城を攻め落とした。波多野晴通・秀治父子は、城兵の疲弊で戦力が弱体化しており、八上城を捨てたとみられるが、室町時代の史書には、はっきりと書かれていない。伝承によると、

「八上城は松永久秀の空巣狙いで乗っ取られた」

というが、実質的には松永長頼の率いる八上城主の内藤貞勝の軍勢が主力だったと見られる。丹波の古文書には、内藤氏、波多野氏、赤井氏らの文書は残っているが、実力者の松永長頼については他所者《よそもの》という意識が強かったのか、正確な記述がほとんど残っていない。

八上城落城後、松永長頼が八上城主となった。

「松永久秀の甥・松永孫六郎が城主となった」

という記述もある。長頼は摂津から日蓮上人の坐像を八上城下に運び、妙福寺を建立した。八上城を追われた波多野一族は、この後長い流離の悲哀を噛みしめることになる。長頼は丹波の総指揮をとり、奥丹波の黒井城を中心とする赤井氏一族の討伐に腐心した。弘治三年から永禄九年（一五六六）までの九年間は、八上城は松永長頼・内藤貞勝の連合軍に占領されており、荻野悪右衛門直正が支配する奥丹波を除いて、丹波一円はほぼ実質的に松永長頼の支配下にあったといえよう。この間、永禄六年三月に細川晴元が死去し、永禄七年には三好長慶が河内の飯盛城で生涯を閉じる。

三好氏の畿内支配はようやく陰《かげ》りが見え、松永久秀と三好三人衆の対立が激化していく。永禄八年、荻野直正が横山城主の塩見利勝を討ち、松永長頼は、天田郡和城付近で直正に攻められて討ち死にした。三好長慶・松永久秀を支え続けた豪雄・松永長頼の最後は、あっけないものであった。長頼の後を受けて、キリシタン大名となった内藤ジョアン（如安）貞勝が、口丹波を支配するが、信長に追放された足利義昭に味方し、信長の攻撃を受けて内藤氏は没落する。

内藤ジョアン貞勝は、その後、豊臣秀吉に仕え、朝鮮出兵では小西行長とともに渡海し、講和交渉に活躍する。関ヶ原の合戦後、小西行長が改易されると、加藤清正に仕え、さらに同じキリシタン大名だった高山右近の尽力を得て前田利家の客将となった。慶長十九年（一六一四）、徳川家康のキリスト教禁教令が出され、ジョアンは高山右近らとともにマニラに追放され、寛永三年（一六二六）、その地で死去している。

●律義を通した主君、三好長慶

松永久秀が、終生、主君と仰いだのは三好長慶ただ一人であった。長慶は大永《だいえい》二年（一五二二）生まれ。幼名を千熊丸といった。仙熊と書かれたものもある。その後、孫次郎あるいは伊賀守と称し、利長、範長を名乗った時期もあった。さらに筑前守長慶《ながよし》と改め、やがて修《しゅ》理大夫《りのだいぶ》に任ぜられた。没年は永禄七年（一五六四）、四十三歳であったが、久秀はその主君の死に臨むまで、忠誠の念は変わらなかった。長慶の久秀への信頼も終生変わらなかった。

ここで三好長慶の人柄を理解するために、三好家の出自、系譜をたどってみよう。

三好氏は、清和源氏の分流武田氏の支流である小笠原氏の分派で、小笠原長清（一一六二～一二四二）が承久の変（一二二一）で東山道軍の将となり、変終わって阿波国守護になった。これが阿波小笠原の祖である。その子孫が阿波で栄えた。建武の中興（一三三四）が、足利尊氏の反逆で挫折すると、阿波の小笠原氏は南朝の味方となって活動した。この時、尊氏から阿波の守護に任ぜられたのが、細川氏である。三好長慶から五代前の先祖に小笠原義長という人がいて、阿波の三好郡に住み、三好氏を称した。南北朝の頃、三好氏（小笠原氏）は、阿波各地で細川氏と戦っていたが、南朝側が北朝に吸収されていくなかで、三好氏も細川氏の被官になっていった。阿波の支配者としての歴史は、細川氏より三好氏の方が百年以上も古い。

応仁の乱（一四六七～七七）で阿波の守護・細川成之《しげゆき》（一四三四～一五一一）が細川宗家の勝元を助けるため、京都に出陣したが、三好長慶の曽祖父、三好之長《ゆきなが》は成之に従って京都に出陣した。このことが、以後、百年にわたって三好氏が京都・摂津方面で活躍するきっかけとなった。山城・大和では郷民・浪人・馬借らが毎年のように一揆を起こしたが、一揆の中には、之長に指導されたものがあったらしい。文明十七年（一四八五）八月、之長が一揆のバックとなって三千人の集団が土倉（金銭業者）を襲い、土蔵を開いて質物を出す事件まで起きた。之長は、荒れる京周辺で、若さにまかせて、一揆に伍し、好き勝手なことをやっていたらしい。

この年十月、阿波で内乱が起きたため、三好之長は細川成之に従って、いったん阿波に帰っている。

永正三年（一五〇六）二月十九日、之長は、細川澄元の先陣として上洛した。続いて四月二十一日、澄元が七千余人を率いて入洛している。之長はそれまでも再三上洛しているが、いずれも阿波の守護・細川成之の部将としての上洛であった。今回は将来管領を約束されている澄元（十八歳）の補佐である。三好の勢力を京に張る好機として勇躍したことがうかがわれる。時に之長は四十九歳で、以前京で少なからず躍ね上がりの行動があった当時とは、事情は大きく異なっていた。

長慶の父、三好元長は大永七年（一五二七）三月、兵八千を率いて阿波から堺に上陸、堺の海船浜に邸宅を持ち、主家細川氏から堺の「政所」の号を与えられた。堺の商業を保護し、町民を安堵させた。この時、元長は細川澄元の子・晴元と足利義維《よしつな》（後に義冬）を擁していた。義維は、前将軍義稙の養子で、時の将軍義晴と腹違いの兄弟である。前述のように将軍就任を強く望み、この年七月には従五位下・左馬頭に叙任されている。この地位は、近い将来に将軍に補任されることを意味するものであった。結局、将軍に就任することはできなかったが、義維の堺四條道場の住居は「堺武家」「堺大樹」とも呼ばれた。武家・大樹は将軍の別称である。

三好元長にかつがれて上洛した細川晴元だったが、やがて元長と不和になり、晴元は本願寺証如光教（一五一六〜五四）に出兵を依頼し、元長は享禄五年（一五三二、七月に天文と改元）六月、門徒十万に包囲されて堺南庄の法華宗顕本寺で敗死した。元長、時に三十二歳であった。死の直前、六月十九日に長子千熊丸（長慶、十一歳）と妻を阿波へ脱出させている。

元長の戦死のとき、足利義維も顕本寺にいて、自殺しようとしたが、晴元の手の者に止められ、淡路を経て阿波の平島庄に迎えられた。この時、名を義冬と改めている。その後二度、上洛を図ったが将軍就任は果たせなかった。

細川晴元は、一向一揆の力を借りて三好元長を倒したが、まもなく掌を返すように、今度は法華宗衆徒らを使って山科本願寺を焼き討ちしている。通常の神経の持ち主とは思えない。天文二年（一五三三）二月には一向一揆に攻められて淡路に馳った。その後再び淡路から帰って一揆軍を大坂へ追い返し、五月に石山本願寺を攻めた。しかし石山は要害の地であるうえ、信仰心に燃える一揆軍を攻めあぐねて六月に和談が成立している。この講和は「三好仙熊の扱いにまかせた」と書かれた文書（『本願寺明宗跡書』）があるが、三好元長戦死の翌年のことで、仙熊つまり長慶はまだ十二歳である。仙熊丸の名代の者があっせんしたものとみられるが、元長戦死からちょうど一年で、三好の勢力は、晴元と本願寺を和解させるまでに回復していたことがわかる。

天文十一年十月、長慶の部将松永久秀らが山城南部に布陣、大和侵入の勢いを見せている。この頃には長慶は畿内のかなり広い地域を支配し、京都も影響下においていたとみられる。長慶は天文十七年七月ごろ、同族だが父、元長の討ち死にの裏に躍った三好政長（宗三）を討とうとした。政長は長慶の曽祖父・之長の弟持勝の子で、元長の戦死後、細川晴元に深く信頼されていたが、長慶は政長を一族の結束を乱すものとして除こうとしたのであった。長慶は政長と戦うために、細川晴元と戦わなければならず、晴元の背後にいる前将軍義晴、現将軍義藤（後に義輝）とも戦うことになった。

天文十八年六月、政長は江口に陣した。江口は淀川と、その支流神崎川に囲まれた要害の地である。政長はここで細川晴元の後ろ楯となっていた近江の六角定頼の来援を待った。六月二十四日、六角軍の主力の到着の前に長慶軍の攻撃で政長ら八百人が討ち死にした。江口の戦いは長慶が細川晴元の支配から独立する転換点であった。

この戦いの主力となって戦った長慶の弟の十河一存は、六角軍の到着前に、細川晴元の拠る三宅城を陥れようとしたが、長慶が晴元を討つことを承諾しなかったため、一存は六月二十四日早朝、三宅に押し寄せて兵威を示し、押さえの兵を残して急ぎ帰り、長慶の江口攻めに加わった。長慶は、いかに敵方とはいえ、旧主の晴元を討つことを控えたのである。長慶というのは、折り目、筋目を通す点で、戦国武将の中では珍しい存在だったといえよう。

政長は茶の湯を武野《たけの》紹鷗《じょうおう》に学び、秘蔵した茶道具の中には、後に松永久秀が信長に献じて生命をつなぎ止めたといわれる名物「付藻《つくも》茄子」があった。政長は阿波の茶道の祖といわれた。

江口の敗北後、三宅城の細川晴元は二十五日、丹波を経て帰京した。さらに足利義晴らと慈照寺（銀閣）へ退き、次いで近江の坂本へ移った。和泉半国の守護だった細川晴賢、同元常もこれに同行、このため和泉は三好長慶の支配下に入った。

将軍不在となった京都で、治安を確保できるのは、京都の実力者である三好長慶のほかにはいなくなった。その実務を執行したのは松永久秀であった。

当時の京都周辺の形勢は、将軍義晴・義輝と管領細川晴元を中心とした勢力と、三好長慶を中心に四国勢と摂津・丹波の三好一族、さらに三好氏と心をあわせた在地勢力に二分されていた。すでに述べたように、三好長慶は旧主の晴元を討ち取ることにためらいを持つような、いずれかというと古い伝統や慣習を捨て切れない、温和な性格を持っていた傾向がある。

三好氏略系図

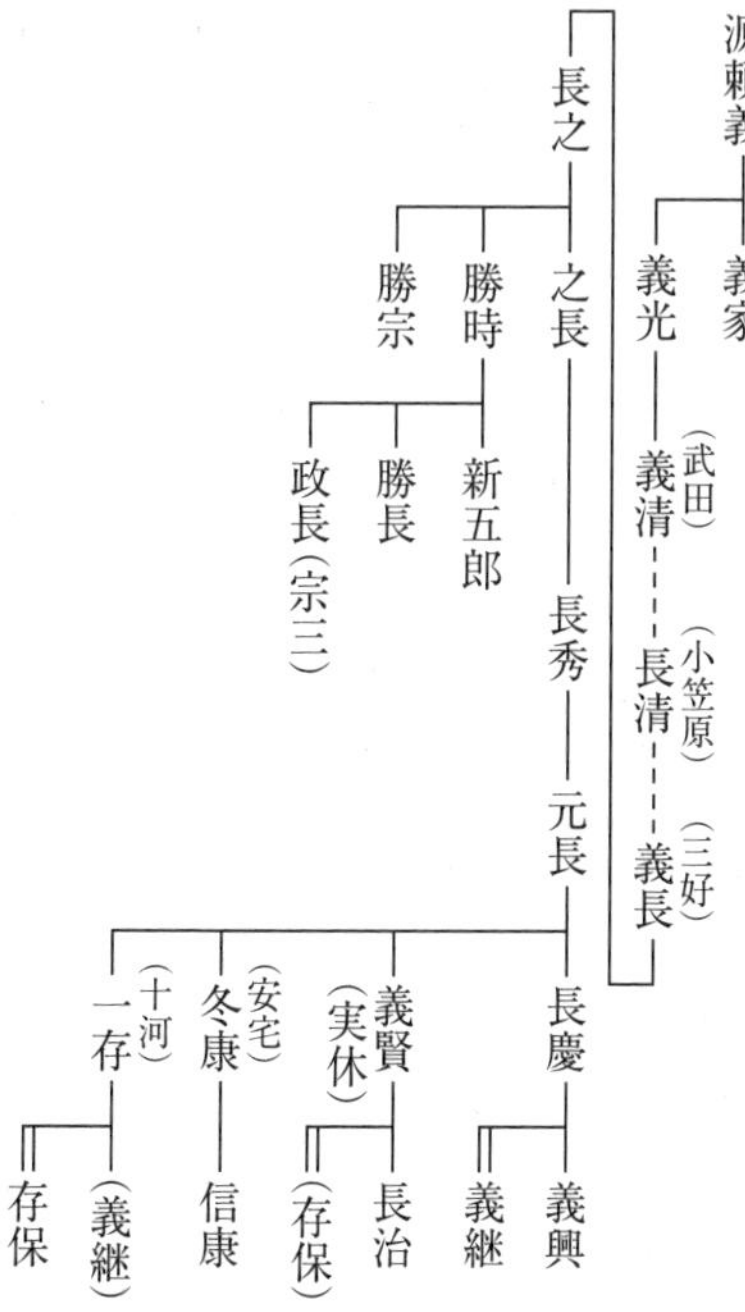

ここで将軍・足利義晴と、管領で長慶の旧主で

あった細川晴元の性格を物語る出来事を紹介しよう。天文十三年（一五四四）、三好長慶がまだ二十三歳の青年だった頃、長慶の被官の和田新五郎が、将軍足利義晴の囚人となった。和田新五郎は、晴元の命令で京都一条戻《もどり》橋で鋸《のこぎり》で両手を切られ、次に首を引き切られる残酷な刑を受けた。同じ日、義輝の乳人《めのと》の官女が、裸で車上に縛りつけられて京中を引き回され、六条河原で斬られた。密通の罪であったというが、京の市民たちは「前代未聞の御成敗」（『言継卿記』）と、おじけふるった。このような残虐な刑を指示した義晴と晴元の神経は、当時の人たちから見ても異常な印象を受けたらしい。

細川晴元と三好長慶の二大勢力の攻防は、天文十八年の江口の戦いの後も、京都周辺で絶えず繰り返されたが、将軍不在のまま京都は長慶の支配下となり、法令を制定し、交通の便をはかって、都の周辺は平穏であった。『高代寺日記』の弘治二年（一五五六）二月十一日の記事に、

三好筑前守長慶七箇条の掟を定む。所々に制札を成す。松永弾正奉行す。

とある。

反攻による京都回復が不可能と知った将軍義輝は、近江の六角定頼の斡旋で三好長慶と和解する。和解の条件は、

①晴元に家督の望みなく、出家する

②晴元の子を三好側が管領に取り立てる
③まず細川氏綱を家督にし、将軍が上洛する
といったものであった。天文二十一年一月、将軍義輝は朽木を出発して入京した。晴元は剃髪して若狭へ奔った。

長慶は、二月二十六日、御供衆となった。御供衆というのは、将軍の旗本または馬廻りといった奉公衆のことで、その待遇は管領家、侍所の頭人、守護家に次ぐものである。実力者の長慶も、細川管領家の被官から、やっと将軍の直臣になったという程度の待遇を得たにすぎなかった。

●晴元蠢動、長慶危機一髪

若狭に奔った細川晴元は、京都奪回の夢を捨てず、その後も長慶を討とうとした。これに長慶の昔の舅である波多野備前守の子、波多野与兵衛晴通が加担したので、長慶は兵五千で、天文二十二年四月二十五日、丹波の八上城を包囲した。松永久秀も出陣した。ところが、長慶の妹婿の芥川孫十郎や池田出羽守ら、長慶側と見られていた国人衆が波多野に味方した。長慶軍は腹背に敵を受けて、予期せぬ苦境に立たされる。長慶はこのことを、幸い摂津三田城の有馬重則からの内報で知り、五月二十三日に急遽、八上城の包囲を解いて越水城に帰っ

たが、危ういひと幕であった。

一方、細川晴元は若狭から山城に入った。晴元の京都接近で、丹波の晴元党はまた騒がしくなった。将軍義輝は、霊仙《りょうぜん》に城を築き、十一月二十七日に入城した。長慶側は、この将軍の動きは晴元党の侵入に備えたものと見ていたが、まもなく、実は晴元に呼応したものであったことがわかる。同じ日、晴元の兵三千が西ヶ岡から鴨川を越え、五条坂へ押し寄せ、禁裏の東で放火した後、丹波へ退いた。

将軍の奉公衆の上野民部大輔ら六人が晴元に内通していたことから、長慶はまたも将軍義輝と戦う羽目になり、将軍義輝は再び近江の朽木谷に逃れた。

この年八月、三好長慶は、それまでの居城だった摂津の越水城から、同じ摂津の芥川城に入城して、新たな居城とした。嫡子の義興と、晴元から預っているその子聰名丸も越水城から芥川城に移した。当時の記録によると、長慶と松永久秀は「相住《あいずみ》」と記されており、久秀もこの城に詰めたと見られる。芥川城はこの後、長慶が永禄三年(一五六〇)に河内の飯盛城に移るまで、七年間にわたり、その居城となる。

長慶は弘治二年(一五五六)六月十五日、堺の顕本寺で父元長の二十五年忌を営んでいる。一門衆が集まり、僧徒一千人の供養があったというから、型破りに盛大なものであった。年忌を終えた長慶は、堺から芥川への帰途、七月十日に松永久秀の居城滝山城(神戸市中央区）に寄り、観能と百韻の連歌の接待を受けた。この頃、久秀は前記のように長慶と芥川城に同城していたが、弘治二年正月に芥川城で火災があり、久秀の陣所が焼けたため、旧来の居城である滝山城に引き取っていたとみられる。

長慶が手元で養育していた晴元の子、聰明丸が弘治四年に十一歳になったので、元服させて六郎と名乗らせた。晴元は長慶を敵視し続け、この頃は近江にいたようだが、長慶は六年前の和談のときの約束を守って聰明丸を養育し、元服させたのであった。久秀とともに下剋上の標本のようにいわれる長慶は、自らの権益を主張する以外は、伝統を尊重し、まことに義理堅い律儀な男であったといえよう。

京都は天文二十二年（一五五三）八月以来、三好長慶の治下で平和であった。弘治三年五月、足利義輝は、細川晴元ら三千の兵を従えて坂本の本誓寺に入った。京の市民が戦におびえて騒ぎになったが、松永久秀、三好長逸らが京都西南に陣し、十九日には降雨の中を一万五千の兵を率いて京市中を打ち廻し、義輝・晴元らの動きを止めた。

近江の六角義賢は、将軍を援助しきれないと悟り、和談をはかった。しかし長慶は前年の講和のときも、間もなく将軍側から破約しているので、承諾しそうになかった。六角はねばり強く交渉して永禄元年十一月六日、ようやく和談が成立、将軍義輝は相国寺の徳芳院に入った。義輝にとっては天文二十二年以来五年四カ月ぶりの京であった。

平和になった京都へ尾張の織田信長が、将軍の帰京祝いの名目で、百余人を連れて永禄二年二月に入洛、将軍に謁し、堺・奈良を見物した後、三月に尾張に帰った。信長の帰国と入れ代わりに、越後の長尾景虎（上杉謙信）が四月に兵五千を連れて近江の坂本に入り、兵の主力を坂本に置いて入洛した。

永禄三年（一五六〇）二月一日、三好長慶・義興父子が将軍家に出仕したとき、義興と松永久秀が御供衆に加えられ、四日に久秀は弾正少弼（弾正台の次官）に任ぜられた。翌四年一月には義興・久秀とも従四位下に昇叙された。この時、阿波を預かる三好義賢（実休）は、

「義興はともかくも、われわれをおいて、三好一族でもない松永久秀が昇叙されたのは、順序が間違っている」

と、長慶に苦情を述べたといわれる。このため、幕府はあわてて、この年の閏《うるう》三月に義賢も相伴衆に加え、正五位下から従四位下に昇叙させている。長慶の弟の三好義賢（実休）・安宅冬康・十河一存の四国三人衆は、松永久秀とは仲が良くなかった。すでに述べたように三好長慶の死後、三好三人衆と松永久秀が将軍義輝を襲ったのが、三好実休の仇討ちであるとすれば、久秀が積極的にこれに加わったとは考え難い。だからこそ、襲撃の現場に自らは出陣せず、嫡子の久通を代理として出したと考えられよう。

三好長慶は、その声望が絶大であった永禄四年三月三十日、その邸に将軍義輝を迎えて、

全盛を誇った。このように長慶の勢力が大きくなったため、将軍義輝は、この時、長慶に対し、細川晴元を許して懇情を結ぶよう申し出た。永禄四年五月六日、長慶は晴元を迎え、摂津富田庄（現高槻市）に入れ、富田庄を知行地として与えた。『足利季世記』には、「誠に多年旧交の主従なれば、三好殿旧懐の涙頻りなり」と書かれており、長慶の寛容な人物振りがうかがわれる。

長慶は日常居ずまいの正しい人であった。松永貞徳が、その師細川幽斎から聞いた話として次のように書き残している。

三好修理大夫（長慶）の連歌の座の様子は、まるで尸《しかばね》のようであった。膝のかたわらに扇を置き、ひどく暑いときは、静かに右の手で扇をとりあげ、左の手をそえて扇の折り目を三つか四つ開き、音のせぬように使う。また左の手をそえてたたみよせて、もとの所に置くが、その置いた場所は畳の目ひとつも違わなかった。

貞徳自身も見習いたいと書いている。長慶の人柄があざやかに目に浮かぶようだ。長慶は和歌・和学を好み、歌集や国文学書の書写を依頼し、自らも熱心に書き写し、連歌を愛して、京都風の教養を身につけ、伝統文化を愛した。

長慶の連歌についてこんな話が伝えられている。

永禄五年三月五日、弟義賢（実休）が久米田で戦死した日、長慶は居城の飯盛で連歌

の会を開いていた。隣席の人が、

芦間にまじる薄《すすき》一むら（また「すすきにまじる芦の一むら」）

と詠んだあと、長慶が後の句をつけ悩んでいたとき、義賢戦死の報《しら》せが届いた。長慶は、

古沼の浅きかたより野となりて

とつけて一座の賞讃をうけた後、義賢の戦死を告げ、敵は必ずこの城へ進撃して来るから早く帰洛しなさい、と宗養、紹巴ら席にいた宗匠たちを帰らせた。

沈着な長慶にふさわしい話だが、真偽に疑問を持つ説もある。しかし、長慶の歌詠みの実力と、変事に動じない人柄を伝えるものとして、よく出来た話といえよう。

永禄七年（一五六四）七月四日、三好長慶は飯盛山の居城で病死した。四十三歳であった。この時、長慶は松永久秀が暗殺したのではないかとの噂があったが、『三好記』によると、その死の前後について次のように書き残されている。

永禄の末に修理大夫長慶、不例に座《おわ》しければ、医師数を尽くして参り集まり、医術の粋を尽くし、妙薬を施し奉れどもさらに験なく、陰陽道の道士や高僧も集まって種々、延命の祈願をしたが、病は日に日に重くなり、時の経つにつれて絶望的になっていった。近習の従者たちは涙を押さえて、日夜寝食を忘れた。こうして長慶は次第に身体が衰え

て、ついに亡くなった。

松永久秀の暗殺説は、長慶の飲食物に毒を入れたという噂が立ったものだが、『三好記』にあるように、長慶の病床には都周辺の名医が数多くかけつけて看病しているのであるから、食物に毒物を混入するなどできる話ではないし、久秀は長慶に対しては、長期にわたって忠誠を尽くしているので、この期に臨んで毒を盛るなど考えられないことである。これも久秀の権勢をねたんだ、噂であったのであろう。

三好長慶の人柄を述べたついでに、嫡子義興の突然の死で、長慶の嗣子となった養子の義継について、ここで触れておこう。義継は長慶の末弟の十河一存の子で、幼い頃から長慶の手もとで養育されていた。長慶の死後、三好家の惣領となったが、実力者の三好三人衆が若年の義継をないがしろにして、重要なことを勝手に決めてしまうことに我慢がならず、三人衆と松永久秀が相争う中で、松永方に投じた。三人衆が敗北した奈良の陣の後、河内の若江の城に拠り、織田信長が足利義昭をかついで京都に入ったとき、松永久秀とともに信長の麾《き》下《か》に入った。

以下は『阿州将裔記』に書かれているところだが、義継は将軍足利義昭の妹婿だったせいもあって、義昭と信長の手切れの後、信長に敵対することを余儀なくされた。信長軍が若江の城に攻め寄せたとき、義継の家老三人が信長方に寝返った。こうなっては戦にならないと、義継は大手の櫓に上り、腹十文字にかき切り、臓《はらわた》をつかみ出し、遊佐与伝《とものぶ》という家来を呼びよせて介錯せよと命じた。与伝が太刀をふり上げたが、かぶとが邪魔になって介錯できない。そのことを義継に言うと、義継は両手でかぶとを押しあげたので、両手首もろとも首を打ち落として敵に見せ、矢倉に火をかけて自分も腹をかき切って死んだ。織田信長がこれを見て、

「あっぱれな大将だ。このような主君を持ちながら、謀叛した家老たちの浅ましさよ」

と言ったという。

●柳生松吟庵と柳生一族

柳生は現在は奈良市に編入されているが、奈良の町の中心部から東方に約十キロ、春日奥山を越えた所に広がる山間《やまあい》の小さな盆地で、一見ありふれた農村地帯である。北方二キロに、建武中興のきっかけとなった元弘の乱のとき、後醍醐帝の行在所《あんざいしょ》になった笠置山《かさぎやま》がある。

柳生家の歴史は古く、十一世紀の頃このあたり一帯が、奈良春日神社の神領で神戸四箇郷《かんべしかんごう》と呼ばれていた。柳生家の先祖はこの四箇郷の一つ、小柳生庄の管理職で、古くは菅原姓を名乗っていたが、後に土地の名を取って柳生氏を名乗った。鎌倉時代末期になって神領がそ

のまま柳生氏の所領になっていった。

元弘の乱のとき、後醍醐帝に味方したため、柳生氏は鎌倉幕府（北条氏）に一時所領を没収された。柳生播磨守永珍《ながよし》の時代である。永珍は、笠置寺の僧だった弟の中坊源専《なかんぼうげんせん》とともに官軍側に参加、奮闘したが、笠置山は落城し、累代の所領を没収された。後醍醐帝の建武の中興が成ってから、柳生の旧領は笠置山の戦功で中坊源専に与えられ、源専はこれを兄の永珍に譲った。中坊源専は、後醍醐帝が笠置山行在所の一夜「南木の瑞夢」を見たとき、

「南木とは楠のことに相違ありません。河内国金剛山の麓に楠正成という名将の評判高い人物がいます」

と言上、帝はさっそく正成を召して、やがて建武の中興を果たすことができたという。

天文十二年（一五四三）、柳生家厳《いえよし》のとき、大和の筒井順昭（順慶の父）が、柳生西方の須川（簀《す》川）を攻め、さらに翌年七月二十七日、総勢一万の大軍を率いて柳生を攻めた。順昭は春日奥山の東の外れにある忍辱山《にんにくせん》に陣を構えて激しく攻撃し、柳生側もよく防いだが、二十九日にはついに城が落ちた。時に家厳四十八歳、子の宗厳《むねよし》（後に石舟斎）は十六歳であった。柳生一族は恥を忍んで筒井の配下に入ることとなった。

すでに述べたように天文十八年、三好長慶が摂津江口の戦いで細川晴元方を破り、細川政権が崩壊、三好長慶全盛の時代となる。将軍はあってなきがごとく、三好の臣、松永久秀が

大和進出の機会をうかがうようになった。戦国動乱の中で、一小地方の豪族であった柳生一族は、時に筒井氏に、時に三好氏あるいは松永氏の傘下に入った。戦国乱世を生きのびるために避けることのできない宿命であったであろう。

一時、大和一円を傘下に収めていた筒井順昭は、天文十八年、比叡山に入り、家督を子の藤勝（順慶）に譲った。順昭は翌年六月には世を去る。柳生落城から十五年経った永禄二年（一五五九）三好長慶は松永久秀を大和に乱入させた。久秀は伊丹衆の大将となって大和各地の国人衆を打ち破り、信貴山城に入って大和支配に乗り出す。この時、柳生氏は松永氏の麾下に加わり、筒井氏に叛旗をひるがえしている。以後、数多い大和の国人衆の中で、柳生氏は久秀の自刃の直前まで久秀を支えた。

松永久秀の大和侵入の前後、筒井氏・松永氏双方から柳生家厳・宗厳父子に対し、味方に引き入れるために種々の政治工作が行われたようだが、柳生氏は次第に松永寄りに傾いていった。柳生の当主は家厳であったが、家厳の弟に七郎左衛門という人物がいる。宗厳の叔父にあたるが、茶道に肩入れして松吟庵の雅号で知られている。その業績はほとんど伝わっていないが、柳生の南方にある丹生《にう》神社に奉納された大般若経六百巻の中に松吟庵奉納の奥付のある経巻が今も伝わっている。

応仁の乱以後、茶道――わび茶の中心は京ではなく堺にあった。松永久秀も武野紹鷗に弟子入りして道意の雅号を持っていた。当然茶会の席で、道意こと久秀と、松吟庵こと七郎左衛門はいくたびも顔を合わせたことが考えられる。柳生が筒井麾下を離れて、松永方に合流したのは、松吟庵と久秀の付き合いがきっかけではなかったか。松吟庵がいつ頃から久秀と交わりがあったかは、記録はないが、かなり強固な友人関係ができたと考えられる。徳川時代中期の宝暦年間（一七五一〜六四）に、柳生藩士萩原信之という人が書いた『玉栄拾遺』という柳生家の歴史をまとめた本がある。そこに、

松吟庵は松永久秀の断金の友（極めて固い友人）であった。

と書かれている。天王寺屋宗達・宗及父子といった堺の豪商が間に立ったという説もある。久秀が大和侵入を開始したとき、大和の住人で土地の消息に詳しい柳生氏が、参謀役として、筒井氏攻略の手引きをしたことも十分あり得よう。

永禄六年、松永久秀は比叡山末寺の多武峰の衆徒を攻め、柳生家厳の跡を継いだ新介宗厳も従軍した。この時、宗厳は敵の蓑輪与市というものの矢に拳を射られ、危ういところだったが、味方の松田源次郎、鳥居相模がかけつけ、蓑輪を討ち取った。松田はこの戦いで宗厳の身代わりになって討ち死にしている。その頃すでに刀槍をとっては畿内一円で随一といわれていた宗厳だったが、蓑輪与市も相当な豪傑だったのだろう。戦いは松永方が敗北して壷坂まで退却、久秀が和睦の勅書を申請しておさまっている。

その年の秋、上泉《こういずみ》伊勢守秀綱（信綱）が奈良にやってきた。秀綱は新陰流の開祖で、門弟の疋田文五郎、神後伊豆らを連れて諸国遍歴の途上にあった。

柳生厳長氏の書いた『柳生流兵法と道統』などによると、上泉伊勢守はこの年、伊勢の国司・北畠具教《とものり》の邸を訪ねた。具教は塚原卜伝から〝一の太刀〟を伝えられた剣の名手で、家来には「武芸者雲の如し」と言われていた。ところが一人として上泉伊勢守に敵する者がなかった。そこで北畠卿は、

「ここから大和の国へ向かうと、小柳生庄の城主で柳生但馬守宗厳というものがいる。諸流の奥儀を極めた人で、五畿内一と呼ばれる兵法者である。貴殿の相手は、この柳生をおいてほかにはないであろう」

と言った。伊勢守は北畠卿からの紹介状を持ってまず南都（奈良）の宝蔵院に向かった。そこには宝蔵院流槍術を始めた覚禅坊胤栄がいた。胤栄は柳生宗厳とは大変親しい間柄で、宗厳と相談して素槍に鎌をつける宝蔵院流の槍を考案した人物である。上泉伊勢守が北畠卿からの紹介状をもって柳生と試合をするため、大和にやってきたということで、胤栄は急使を立てて、柳生谷にこのことを報せた。柳生但馬守宗厳は喜び勇んで、奈良へ来て伊勢守と立ち合うことになった。

ところが、宗厳が上泉伊勢守と試合をしてみると、まず一度闘って敗れ、もう一度闘って

また敗れた。しかもその敗け方が同じ手を使って同じように打たれている。宗厳は、

「同じ負けるにしても、こうまで手もなく敗れるのは心外この上ない。よし、今度は相手の手口を見極めよう」

と、一心に工夫して三日目にもう一度試合をしたが、やはり同じように手もなく敗れてしまった。

柳生厳長氏の『正伝新陰流』によると、宗厳と伊勢守秀綱の最初の立ち合いについてこう述べている。

約四、五間の間合いをとって、秀綱と向きあった宗厳は、青眼に構えて、講堂の踏み板をさらさらと滑るように迫った。秀綱はふくろ竹刀《しない》のきっ先を次第に上げて、両の拳が胸の高さの辺りまで来ると竹刀を止めた。宗厳は秀綱の太刀先に制せられて踏み込むことができず、一瞬たじろいだ。その時、秀綱の右足がわずかに踏み出した。この一瞬を見逃さず、宗厳は秀綱の左肩めがけて打ちおろそうとした。と、それより速く、間髪を入れず、秀綱の竹刀が宗厳の太刀を握る両の拳を払っていた。宗厳は拳がしびれて、思わず太刀をとり落した。

「おそれ入りました」

と言ったものの、宗厳はどうして両拳が打たれたのか、まったくわからなかった。

二回目も、三回目もほとんど同じ打たれ方で敗れた。

三度の試合に完敗した宗厳は、秀綱の門弟に加えてもらい、秀綱を柳生谷の館に招いた。秀綱は柳生館で鈴木意伯とともに翌年の二月まで約半年、宗厳はじめ柳生一族の指導にあたった。宗厳にとって秀綱との出会いは、殺人剣を活人剣に昇華させた心の修行の始まりであったという。

秀綱は、柳生谷を離れるにあたって、宗厳に「無刀取り」の工夫を課題として与えた。宗厳は永禄八年までの約一年余、きびしい修行に励み「無刀取り」の考案に必至に取り組んだ。永禄八年春、上泉伊勢守が再び柳生谷を訪れたとき、宗厳は、一年余にわたって工夫した武道の成果を師の前に披露、それを見て伊勢守は、

「これぞ天下無雙の剣である。われもついに貴公に及ばない」

と言って、一国一人に限っている印可状を授けて新陰流の正統を譲り、

「以後は憚りなく、この兵法を柳生新陰流と呼ばれるがよろしい」

と讃えた。柳生新陰流の誕生であった。

上泉伊勢守が大和に入った頃は、畿内一円河内・和泉・大和・山城・摂津と、四国の阿波・讃岐、それに淡路の八カ国が三好の配下に入り、三好長慶―松永久秀ラインの全盛期であった。しかし、永禄七年（一五六四）七月に三好長慶が河内飯盛城で没し、翌永禄八年五

月、長慶の跡を継いだ三好義継に率いられた三好三人衆が松永久秀とともに将軍義輝を殺害する事件が起きている。柳生宗厳が上泉伊勢守から新陰流の道統を受けたのは、その前の月の四月であった。三好長慶の下でいったんは落ち着いていた畿内に、再び戦国動乱の動きが強まる。大和では筒井順慶が反松永の勢力を集め、義輝殺害後にわかに松永久秀と不和になった三好三人衆の加勢もあって戦乱が拡大、永禄十年十月には東大寺大仏殿が焼亡する大事が起きる。この間、柳生宗厳は引き続き松永方に加担していたもようである。

永禄十一年九月、織田信長が足利義昭を奉じて入京、松永久秀はいち早く人質を入れて信長の配下となり、大和一国の進退を任され、信長勢二万の援軍を得て、久秀の大和支配は貫徹されたかに見えた。この時、柳生宗厳は信長軍の先導役をつとめている。やがて宗厳は信長に召され、将軍義昭に仕えた。

元亀二年（一五七一）八月四日、筒井順慶が大和辰市（奈良市）に城を築いた。松永久秀が三好義継とともに信貴山城から軍勢を繰り出して、これを攻めたが、久秀軍はかつてない大敗を喫し、辛うじて多聞山城に逃げ込んだ。宗厳もこの時、長男の厳勝らを引き連れ、久秀軍に加わって従軍したが、敗軍にまみれて厳勝が重傷を負い、終生廃疾の人となっている。

松永久秀は織田信長の入京とほとんど同時に信長の配下に入った。柳生宗厳が伊賀の豪族と親しく、久秀は宗厳らを通じて織田軍の情報に詳しかったという推理は、すでに述べた。

宗厳の師の上泉伊勢守は、伊勢の国司・北畠具教を訪ねる前に、尾張の清洲で織田信長に新陰流の型を見せており、伊勢守からの織田情報も宗厳を通じて久秀の耳に入っていたと考えられる。これが久秀のすばやい信長への帰服の背景にあったのであろう。

その久秀は、その後二度信長に叛き、一度目は多聞山城を信長に献じて許され、二度目は信貴山城に立て籠って自刃している。信貴山城自刃のとき、信長から望まれた名物茶器の〝平蜘蛛《ひらぐも》の釜〟を信長に渡すのを拒み、この釜と一緒に爆死したといわれる。

ところが、先に述べた『玉栄拾遺』の中にこの〝平蜘蛛の釜〟の行方について次のような記述がある。

天正五年（一五七七）八月十七日、松永久秀が大坂石山の囲み城を引き払って、突然信貴山城に立て籠った。従うもの八千余人。このため織田信長は、嫡子の信忠を大将に、征討軍を発向させた。十月十日、久秀は秘蔵する〝平蜘蛛の茶釜〟を打ち壊して、糠《ぬか》に詰めて信忠に贈った後、能楽の囃子を打たせ、城に火をかけて自滅した。

思うに〝平蜘蛛の釜〟は久秀秘蔵の茶器で、かねて信長が所望していたが、献上しなかったことから信長と久秀の間が不仲になった。この頃、柳生松吟庵は久秀と極めて固い友人であった。〝平蜘蛛の釜〟は、実はひそかに松吟庵に贈られ、打ち壊したのはにせ物であった。松吟庵はこの釜を柳生家に代々伝えて家の重宝にした。

というのである。『玉栄拾遺』の著者萩原信之が、柳生家に伝わるという、その〝平蜘蛛の釜〟を確認したかどうかまでは、書かれていないが、国立東京博物館に〝平蜘蛛の釜〟と呼ばれている茶釜が、現在所蔵されている。

同博物館の話によると、この〝平蜘蛛の釜〟の由来は明らかではない。このほか現在〝平蜘蛛の釜〟と呼ばれている茶器がいくつかあり、久秀の死とともに、所蔵の釜が破壊されたという話が真実であるかどうか、今となっては確認のしようがない。一説によると、久秀から柳生松吟庵に贈られた釜は大和の柳生家に秘蔵されていたが、昭和二十年（一九四五）、第二次大戦の東京空襲の混乱の中で、東京の柳生家で紛失したという。

宗厳が妻のおなふ（春桃御前）に宛てた遺書が残っている。慶長四年（一五九九）に書かれており、隠し田の発覚で豊臣家に所領を没収された後のもので、柳生家がかなり落ちぶれた時期のものだが、こまごまと遺産の分配を書き、「葬儀の費用は茶道具を売って工面してほしい」と書かれている。宗厳は松吟庵を通じて松永久秀と親しくしていただけに、久秀同様かなりな名物茶器を所持しており、葬儀費用をまかなえるほどの高価な茶道具を持っていたということである。

柳生宗厳は松永久秀とは最後まで、親しい間柄が続いたようだが、最後は久秀の自刃で二人の付き合いは終わった。戦国乱世の中で小豪族の生き方は難しく、裏切り謀叛は世の常であった。「恩義をうけない主君からの離脱は自由」という考え方は、当然のこととされていた時代である。そんな中で宗厳は、よく最後まで久秀に付いていったといえるだろう。ただ、久秀の信長への二度目の謀叛のときは、信貴山城籠城までの付き合いはしなかったらしい。

柳生宗厳は、天正元年（一五七三）、足利義昭が織田信長に追放され、足利幕府が滅亡した時期に、一切の繋累を断って柳生谷に身を隠し閑居している。何が宗厳に閑居を決意させたかは明らかではないが、柳生一族七百年の伝統を守るために柳生新陰流兵法を深めることが唯一の道と考えたのであろう。この時、宗厳はまだ四十五歳、長男厳勝は廃疾の浪人で、後に徳川将軍の指南役となった五男の又右衛門宗矩はわずかに三歳であった。

この前後、宗厳が残した『兵法百首』の和歌が残っている。

世を渡るわざのなきゆへ兵法を　かくれがとのみたのむ身ぞうき
兵法のかじをとりても世のうみを　わたりかねたる石のふねかな

柳生谷閑居から二十年経った文禄二年（一五九三）、宗厳は髪をおろして但馬入道石舟斎宗厳《そうごん》を名乗っている。翌文禄三年石舟斎は、豊臣家の大老だった徳川家康に初めて会い、柳生流剣術を見せた。『玉栄拾遺』にはこう書かれている。

石舟斎の剣術を初めて家康が見た。家康が木刀を持って打ちかかったのを、石舟斎が無刀で取った。家康は倒れそうになった。

柳生新陰流兵法の見事さに感動した家康は、石舟斎に家来になるようにいったが、石舟斎は高齢のため、その任に堪えないからと、同行した五男の又右衛門宗矩（この時、二十四歳）を推薦した。

同じ年、豊臣秀吉が実施した検地で、柳生所領に隠し田が見つかり、柳生領は全部没収されてしまった。柳生家に恨みを持った人物が、大和大納言秀長に密告したためといわれている。一家の浮沈に関わる大難であった。

慶長三年（一五九八）、豊臣秀吉没。秀吉の跡目をめぐって世はまた騒がしくなってきた。慶長四年、石舟斎は家康の指図で息子の柳生宗矩を石田三成の家老となっていた島左近友之のところにやっている。島と石舟斎はともに大和の出身で、島は長く筒井順慶の家老をつとめており、宗厳も一時期筒井の配下にあっただけに、付き合いは古い。島は順慶の没後、順慶の嫡子、定次が大和から伊賀に転封となったため伊賀に同行したが、定次の行状に愛想をつかして浪人した後、石田三成に抱えられ、家老職をつとめていた。柳生宗矩が石田方の動勢を探るために、島にさぐりを入れたことは十分考えられる。この時、島左近は、

「今のところ、豊臣方には松永や明智のような大将はいない」

と述べたという。この意味は、

「松永久秀や、明智光秀のように、思い切りよく実力者（ここでは当然徳川家康を指す）に刃向かうような、智謀と決断力ある大将はいない」

ということであろう。島左近は筒井家家老として、長い間松永久秀と渡り合ってきただけに、久秀に対しては好感情はなかったと思われるが、久秀没後二十一年経ったこの時点で、久秀の武将としての器量を改めて評価していることになる。

慶長五年、徳川家康が上杉景勝討伐の軍を起こし、上野《こうずけ》の国小山に滞陣中、石田三成が兵を挙げた報せが入り、奥州行きの軍を返して、あの関ヶ原の合戦となる。この時家康は、小山まで従軍していた柳生宗矩を、急遽、柳生谷の石舟斎のもとに帰らせ、家康から石舟斎に宛てて、

「筒井伊賀守と協力、浪人衆を集めて徳川方のために忠節を尽すよう」

という書状を出している。上方の情報が宗厳・宗矩父子から詳細に家康のもとに伝えられた。合戦の後、論功行賞として、家康は没収されていた柳生の旧領をそっくり与えている。以後宗矩は徳川二代、三代将軍の剣術指南役、大目付に昇進、禄高一万二千五百石の大名になる。宗矩は石舟斎の果たせなかった夢を実現することができたといえようか。石舟斎宗厳は、慶長十一年（一六〇六）、七十八歳で柳生谷に波乱に満ちた一生を閉じている。松吟庵七右衛門の没年はわからない。

●堺の会合衆《えごう》

四国の阿波を本拠とする三好軍が、再三にわたり畿内で戦闘を維持することができたのは、和泉堺という一大兵站基地の存在を抜きにしては考えられない。一方、堺の町は交易・運送の業務を円滑に進めるため、阿波水軍・淡路水軍を率いて、東瀬戸内の制海権を持つ三好氏の力に頼るところが大きく、堺と三好氏は持ちつ持たれつの間柄が保たれていたといえよう。

現在の堺市の中心部に近いところに、仁徳天皇陵や応神天皇陵があることから見て、堺は古代から開けていた土地であったことが推定される。中世、堺は北庄《きたのしょう》と南庄《みなみのしょう》に区分され、北庄は摂津の国、南庄は和泉の国であった。摂津と和泉の二つの国にまたがっている珍しい都市である。境界にあることから堺の名が生まれたのであろうか。

十世紀後半に成立した中国の宋王朝は、外国との交易政策を打ち出し、中国の貿易商人(海商)が、朝鮮・日本などを相手に貿易を展開した。そうした貿易商人は九州や山陰・北陸地方の港に寄港して、その地の豪族や荘園を支配していた代官らと私貿易を行っていた。北部九州の住民たちの中には、自ら船を仕立てて渡海し、交易を始めるものもあったが、主力は中国の商人の船による貿易であった。宋が滅び元・明の時代に移ってから朝鮮や中国と私貿易を行う者の中には、略奪的な交易――倭寇に走るものも出たが、足利時代になって、室町幕府が外交権を掌握するようになった。

初め、将軍・幕府による畿内の海外貿易基地となったのは兵庫であった。その後、応仁の乱で瀬戸内海沿岸も戦乱に巻き込まれ、瀬戸内海は兵船の往来が激しくなって、貿易船の内海運航が難しくなった。このため、土佐沖を経て紀淡海峡に入る航路が使われるようになり、地の利を得た堺が日明貿易の基地として重要さを増していった。また応仁の乱で京都が戦乱の巷となったため、京都に住んでいた公卿や僧侶、文化人や富裕な商人・町人たちが京を逃れて奈良や堺に移り住み、堺は次第に町の規模を拡げていった。この頃、畿内の大都市は京都のほかは奈良（南都）と堺であった。大坂は当時は小坂《おさか》とも呼ばれ、織豊時代以降になって大きく発展する。

文明五年（一四七三）、応仁の乱が治まりかけていた頃、幕府は遣明船を派遣したが、その遣明船を請負ったのは三人の堺商人だった。遣明船の派遣をめぐっては、幕府の実力者だった細川氏と大内氏の間に熾烈な競争があった。その背景には博多商人と堺商人の主導権争いがあった。

中国から輸入された主要なものは銅銭、織物、陶磁器、典籍、香料などで、日本から輸出されたのは硫黄、太刀、鑓《やり》、扇子、屏風などであった。船を仕立てるには大きな資金が必要であったが、貿易船が無事帰着したときの利益は、いっそう莫大な富をもたらした。貿易の利益が蓄積されて、堺には富裕な商人たちが増えていき、その堺商人たちが各地の守護や国人衆のために、武器や戦費を調達するようになった。応仁の乱で打撃を受けた京都には、頼りになる豪商が少なくなったため、堺の商人を当てにすることが多くなっていった。年貢の前払いや、年貢米の現金化など、江戸時代の江戸蔵前の札差しの仕事も、この頃は堺の商人が請負っていた。

こうして迎えた堺の全盛期は応仁・文明の大乱以降のことである。それより以前、室町時代前期の堺の記録はあまり伝わっていない。

永正三年（一五〇六）、阿波から三好之長らを率いて細川澄元が上洛、之長は澄元の執事としてにわかに抬頭した。之長は三好長慶の曽祖父である。

大永六年（一五二六）、阿波にいた細川澄元（永正十七年没）の嫡子六郎（のち晴元と改名）らが阿波で挙兵、平島公方の足利義継（義冬）をかついで堺に上陸した。この義継が幕府を堺で組織し、実質的に京を支配していたことが、近年の研究で明らかになっている。これが堺公方である。政権の実質的な権力者は細川晴元であった。ところが堺幕府の軍事面を支えていた摂津国衆と阿波国衆の対立が表面化してきた。摂津国衆を代表するのは、細川晴元をかつぐ茨木長隆、阿波国衆の中心は三好之長の孫の元長であった。摂津国衆は堺を兵站基地とする三好軍に対抗するため、一向一揆の大軍を味方に引き込み、享禄五年（一五三二）一向衆門徒十万の大軍を繰り出し、顕本寺に三好元長を包囲して自刃させた。同時に堺幕府も消滅した。

天文九年（一五四〇）ごろになると、三好元長の嫡子、長慶（範長）が青年武将に成長、摂津・丹波国衆の間に勢力を伸ばしていった。長慶は細川晴元に対抗して、細川氏綱を擁立、天文十八年（一五四九）、晴元方の三好政長との間に摂津中島の江口（大阪市東淀川区江口）の決戦を行い、政長軍は大敗して政長は討ち死に、二十数年間続いた細川晴元政権は一挙に崩れた。こうして実質的には三好長慶政権が誕生した。

長慶は天文十八年、念願の入京を果たし、曽祖父之長、父の元長以上の格段に強力な兵力をバックに畿内の実権を掌握した。永禄七年（一五六四）三好長慶の死後、三好三人衆と松永久秀の間の権力闘争が表面化した。十一月、飯盛城にいた長慶の嗣子、三好義継を、松永派の奉行人・金山長信らの手から奪取しようとして、三人衆の軍勢千人余がこの城に攻め寄せ、長信らを殺害した。三人衆が松永久秀との手切れを内外に宣言したのは、この時であった。三人衆側には高屋城主・三好康長が加わり、阿波の篠原長房らも味方になった。河内一国は三人衆側に制圧された。

永禄九年、当時松永方になっていた畠山高政、根来寺衆徒の連合軍が和泉へ侵入したが、和泉から河内に進撃した畠山軍が和泉上芝（堺市上野芝）で敗れた。松永方の戦死者は約一〇〇〇人、斬首四九〇といわれ、戦国の畿内では有数の大合戦であった。

この年五月、大和から大挙して河内に進んだ松永久秀の軍は、三好義継らを高屋城に囲んだが、三人衆側の防戦に阻まれて勝利を得ることができず、堺へ撤退した。三人衆側は摂津の国衆池田城の池田勝政らが加わり、総勢一万五千の軍勢で堺の出入口に攻め寄せた。久秀と高政らの兵力は、その半分にも足らなかったので、三人衆側からしきりに戦を挑んだが、久秀はこれに応ぜず、堺の四条道場に追い詰められた。久秀は当時堺の自治組織であった会《え》合《ごう》衆三十六人のリーダーであった能登屋と臙脂《べに》屋に依頼して和を請わせた。会合衆は相はかって三人衆に頼んで堺での合戦を避け、戦は三人衆側の大勝と定めて軍勢を返すよう請うた。さもなければ堺は惨禍を免れないので、南北荘こぞって非戦をお願いするという。三人衆側にしてみれば、もしこの願いを退ければ、将来軍用金など堺の支援が必要な時、その支援を得ることができなくなるとみて、会合衆の請願を受け、六月に三人衆側の軍勢が堺の町に入り、勝どきの声をあげて勝利の証《あかし》とし、そのまま兵を引き揚げた。この間久秀は夜陰にまぎれて逃亡、行方知れずとなった。

三人衆側はこうした軍事的優位を背景として、秘匿されていた三好長慶の喪を発表し、六月二十四日河内真観寺（八尾市）で盛大な葬儀を営んだ。

永禄九年七月から八月にかけて、松永方の摂津での拠点であった越水城（西宮市）や、滝山城が相次いで三人衆側の手に落ち、三人衆の畿内制覇は大和を除いて完成した。

ところが、ここに思わぬところから三人衆の畿内制覇がほころびを見せることとなった。それは三好長慶の嗣子、三好義継が、にわかに松永久秀方に投じたことである。義継は本来三好家の当主でありながら、若年のためすべての権限を三人衆に握られ、自らは単なるロボット的存在であることが明らかになるにつれ、心穏やかならざるものがあった。永禄十年（一五六七）二月十六日、河内高屋城を脱出した義継は堺に走り、松永久秀のもとに投じた。ここで行方不明となっていた松永久秀が、忽然《こつぜん》と現れる。永禄九年六月以来行方不明だった久秀は、半年以上の間、堺近辺に身を隠していたわけだが、三人衆が血眼になって探索しても捕捉できなかったことから、久秀は堺の町衆の有力者がかくまっていたと考えられる。当時の堺は、三人衆の軍事力をもってしても侵すことができない、高度の自立性を保持していたことが裏付けられよう。それにしても三人衆の意図に逆らって久秀を半年余りも隠し通したのは、それだけ久秀の人柄に惹かれる何ものかがあったのか、それまでの久秀の業績に堺衆が恩義を感ずるものがあったのか、よくよくの繋がりがあったのであろう。

こうして永禄十年四月六日、三好義継を推戴した松永久秀は、ほぼ一年ぶりに大和に入国して信貴山城に入り、ついで多聞山城に移った。高屋城主三好康長、前河内守護代家の安見氏らも、この時、松永方に帰参したらしく、三好三人衆と松永派の勢力は、再び拮抗して摂河泉と大和に動乱の動きが強まった。

三人衆は、久秀討伐を完成させるべく、大軍を大和に送り、あの大仏殿炎上の奈良の陣が起きる。結果は三人衆側の大敗に帰し、松永方の兵威が戻ることとなった。しかし摂河泉三国での三人衆の勢力は温存されており、畿内での三人衆と松永久秀の対立の構図が続くかに見えたが、永禄十一年、織田信長の入京で、事態は大きく一変する。

話は遡るが、永享三年（一四三一）室町幕府が、堺南荘を領有していた相国寺の塔頭《たっちゅう》・崇寿院に対して一つの判決を申し渡している。それは崇寿院が堺南荘に荘主《しょうず》（荘園の代官業務を行った僧）を派遣して年貢の徴収に当たらせていたのを、堺南荘の住民の提訴で、住民たちの責任の下に年貢を一括して請負う〝地下請《じげうけ》〟とすることを指示したものであった。年貢は七百三十貫文であった。堺南荘は、農民も漁民もいたが、堺南荘だけで七百三十貫文という大きな負担を支えることができた主体は商人・手工業者とみられる。

嘉慶二年（南朝元中五年＝一三八八）、高野山金剛峯寺奥の院の弘法大師の御影堂《みえいどう》は、堺の豪商万代屋《もずや》が資金を寄進してできあがったという。堺南方の大鳥郡土師《はじ》郷に万代《もず》荘という所があり、万代屋の先祖はこの土地の出身者であったのだろう。堺の豪商を代表する野遠屋《のとや》は「能登屋」と書かれたものもあるが、堺東部の河内国八上郡野遠郷に縁を持つ有力者が、その郷名を屋号としたものであろう。地下請訴訟は、この野遠屋（能登屋）の先祖が画策し、運動したとみられている。

会合衆はこうした堺の有力商人三十六人の合議組織である。松永久秀が永禄九年五月、三人衆に敗れて堺の四条道場に追い詰められたとき、久秀を匿《かく》まったのは誰であったのか。会合衆の中で、久秀とは茶道を通じての友人であった能登屋と臙《べ》脂《に》屋の二人、あるいはその中の一人だったのではなかろうか。

日本のわび茶の茶道を開いたのは、室町時代中期の大和の僧、村田珠光であった。その道を引き継いだのが戦国時代の人で珠光の孫弟子にあたる武野紹鷗《じょうおう》であり、その弟子が千利《せんのり》休《きゅう》であった。そして利休に至って日本の茶道が完成したといわれる。

松永久秀は、千利休と同じく、紹鷗の弟子であった。武野紹鷗と千利休はともに堺の町の出身である。久秀は三好長慶の京の代官を務める一方、堺の代官も務めていた。この町との繋がりから茶の湯の道に入り、堺の豪商の能登屋、臙脂屋との付き合いが始まったのであろう。

松永久秀が三人衆との戦いの敗北から、不死鳥のように蘇ったのは、堺の会合衆の協力が大きく物を言っているといえよう。

茶道の系譜を調べてみると、武野紹鷗の弟子には、千利休をはじめ、津田宗達、天王寺屋道叱《どうしつ》、今井宗久といった堺の茶人豪商のほか、細川幽斎や三好宗三、三好実休、三好釣竿斎、三好笑岩、松永久秀といった武将たちの名が連なっている。武将の中でも三好一党の名が多いのは、三好氏と堺の町の繋がりを物語っているといえよう。

第六章　久秀こぼれ話

●九州にいた弾正の弟？

天正五年（一五七七）松永久秀が織田信長に反旗をひるがえし、信貴山城に滅んだ頃、九州佐賀の龍造寺城下に一人の旅の僧がやって来た。名を空円《くうえん》といい、与賀（佐賀市）の密蔵《みつぞう》寺《じ》という寺に旅装を解いた。

この僧が上方の事情に詳しく、さまざまな情報を持っていると聞きつけた城主の龍造寺隆信夫妻が城に招き、隆信は妻の母・光照禅尼の菩提を弔うため、寺号を光照寺と改め空円を住職とした。

天正五年十二月、龍造寺氏が島原半島の有馬氏を攻めたとき、隆信の本陣に空円が陣中見舞に来ていた。折から戦闘が始まり、龍造寺勢が苦戦して隆信の本陣も危うくなった。この時、空円は傍にあった長刀《なぎなた》を取り、

「われは龍造寺与賀の僧空円とて、松永弾正の弟である。あなどるな」

と呼ばわって敵陣に斬り込み、四方八方奮戦し、最後は戦死して果てた。

『佐賀県近世史料』第一巻に収められている話である。

松永弾正久秀の弟といえば、長頼（甚介）の名が知られている。長頼は丹波の内藤氏の後見役となって、丹波一国のほとんどを支配した時期もあったが、永禄八年（一五六五）荻野直正に攻められて討ち死にしている。空円が自ら松永弾正の弟と名乗ったというが、歴史資料から見ると、そのまま受け取るには無理があるようだ。弟ではないとしても、久秀の縁戚か、何か繋がりのある人物であったのだろう。

●好色でけちんぼ

松永久秀の人柄を語るとき、よく出て来ることばが〝好色・吝嗇《りんしょく》〟という言葉である。吝嗇というのはけちんぼのことである。好色を物語る話は、久秀が戦場に向かうとき、いつも側女《そばめ》を二、三人連れていて、幔幕の中に引き入れて痴戯にふけり、家臣が急用を伝えると、幕の中から顔だけ出して指示を伝え、用がすむと顔を引っ込めて痴戯を続けた——という話が伝えられている。しかし、この話の出所は明らかでない。

これが事実としても、戦場に女性を連れていったのは松永久秀だけではないようだ。徳川家康も側女を連れて行って、身の回りの世話をさせていたという。家康が数多い女性に生ませた子供の数は十人を超えている。久秀ははっきりわかっている子供は嫡子の久通一人である。ほかに女の子が一人か二人いたのかもしれないが、いずれにしてもごく少ない。子供の数からいっても好色という久秀の評判は、あるいは悪口のための悪口ではなかったろうか。

いま一つ吝嗇という評判である。その根拠は、信貴山城と多聞山城を築城したとき、領民から納められた串柿の竹串を、むだにしないで城壁の芯に使ったこと、また空になった酒樽をこわして板塀の板に代用したり、鉛で楯や庭石を作り、いざ戦というときに、溶かして鉄砲の弾丸に使おうとしたことからである。しかしこれらのことは今考えてみると、吝嗇・けちんぼということでは決してなく、合理的な資材の活用法ではないだろうか。

多聞山城を見学したキリスト教の宣教師アルメイダの報告によると、

「城内の中の邸宅の壁は、日本やシナ（中国）の古い歴史の描写で飾られていて、何も描いていないところは、すべて金地でできている。柱頭と柱礎は眞鋳でできていて、同じように金を塗ってあった」

とある。絢爛《けんらん》豪華、後の安土城や桃山時代の建築と変わらない。安土桃山時代の建築のはしりが、ここにあったとさえいえそうだ。それを造営した久秀が吝嗇であったというのは見当違いも甚だしいといえよう。

●水郷の奇僧・松永呑舟

いま一人、松永家の縁に繋がる人物のことを書き留めておこう。

昭和十五年（一九四〇）二月発行の『房総郷土研究』という小雑誌に本宮三香という人が書いた『松永北溟略伝』という記事が載っている。元文年間（一七三六～四一）から安永（一七七二～八一）の頃にかけて常陸・下総の水郷地帯に「北溟の長鯤」と呼ばれた名物僧・松永呑舟という人がいた。博学多芸の稀に見る人物で〝水郷の良寛和尚〟と呼ばれたこともあった。本宮三香は、

「学識に於ては良寛以上であったが、書き残されたものが殆んどないので、千載不出のその存在が伝わっていない」

と書いている。今では全く忘れられた存在であるが、松永一族の血脈の中に、並はずれた才気が潜んでいたことを立証する存在として、改めてこの人物を掘り起こしたい。

一代の奇才、呑舟こと松永北溟の父は、本姓は水谷氏で名を勝国といい、紀州広村の人であった。呑舟没後の碑文には「南紀有田郡広縣《あがた》之人也」と刻まれている。その祖先は天正の時代（一五七三～九二）水谷伊賀守源勝家といって、有田に若干の領地を持っていた槍一筋の家柄であった。紀州の広という土地は、室町時代には紀州守護職の畠山氏の所領で、畠

山高政が三好氏に河内を追われたとき、身をひそめていた土地である。呑舟の父勝国は、故あって浪人し、後に姓名を寺門与右衛門と改めた。母の名はカメといい、俳聖・松永貞徳の姪であった。

与右衛門は、妻とともに紀州を出て、漂泊の身となり、知る辺を頼って下総の銚子に落ち着いた。この頃、紀州の人で銚子に移住する人が多く、土地の漁師に揚繰《あぐり》網で魚を獲ることを教えたり、また醤油を醸造する実業家が周辺に土着している。今も紀州に因んで有田屋、広屋（〈ヰ〉の商号）、紀の国屋、紀州屋といった商号の醤油屋が多いのもそのせいである。呑舟の父も、こうした縁故を頼って銚子へ来た。銚子で歌い継がれている民謡に、

〽親は紀の国、子は総《ふさ》の国、
　生まれ在所も西東

というのがある。

与右衛門は銚子にいること一年ばかりで、銚子と地続きの下永井（現飯岡町）の浜辺に土着して、ささやかな世帯を持った。この下永井は九十九里浜の北のはずれで、いま飯岡港のあるあたり。屏風ヶ浦の断崖絶壁の尽きる所で、クジラ潮吹く太平洋の怒涛が寄せては返す海辺である。

元禄十一年（一六九八）十一月、呑舟は潮の香のしみ込んだ砂浜の小屋で産声をあげ、名

を覚太郎《かくたろう》と命名された。ところが呑舟を産んだ母親は、分娩から三日目に、産褥の床で息を引き取った。知らぬ土地で妻を亡くした夫の与右衛門は、生れたばかりの赤子を抱えて途方にくれた。

「妻は黄泉《よみじ》に入り、児は飢《うえ》に泣く。哀々《あわれあわれ》涙を呑んで我が心悲し」

というのが与右衛門の思いであった。この世の置土産に残された嬰子《あかご》を男の腕一つで育てていくその辛苦は並大抵でなかった。与右衛門は、網曳きの片手間に、貰い乳をして、どうにか育てていったが、呑舟が三歳の時、その父も病気がもとで床につき、とうとう亡き妻の三周忌を追うように、この世を去った。

こうして呑舟は乳呑み子の時に両親に別れ、天涯孤独の一人ぼっちになってしまった。父与右衛門は武士のなれの果て、出稼ぎの身分で赤貧洗うが如き有様、遺産のようなものは何もない。呑舟は誰一人、何一つ頼るものがなかった。世にも薄幸《ふしあわせ》なこの赤ん坊を、不憫《ふびん》に思って近所隣の人達が、互いに抱き寝し、そばがきや雑炊を食べさせて養育してくれ、呑舟は温かい父母のはぐくみも知らず、浜辺の漁場で成長していった。

親はなくても子は育つ。隣人愛に支えられて呑舟は生きていった。七歳になったとき、飯岡の長命寺の末寺で、下永井の真言宗観世寺の住職・法海和尚に引き取られ、髪を剃《そ》って法泉の名をもらった。この寺の寺子屋式の教えを受けて仏道に精進し、食事の合間には時の鐘を撞《つ》き、お供《そな》えの水を汲み、須弥壇の掃除もしてマメマメしく立ち働き、時には唐臼《からうす》を踏んで斎米《おとぎまい》も搗いた。法泉小僧は、氏も血統も立派な武士の落胤《おとしだね》で、根が豪傑肌の秀才だけに、一を聞いて十を知った。普門品《ふもんぼん》の文句もことごとく暗誦して、難解の梵字もスラスラと読みこなした。師の法海和尚は、いつも「賢い小坊主よ」と法泉をほめちぎり、寵愛すこぶる厚く、わが児のように世話をして、行く末は観世寺の法灯を継がせようと思い込んでいた。

　ところが生まれが五黄の寅で、勝ち気な法泉は師の夫人を馬鹿にし、その言いつけをきかないで、毎日のように言い争いをし、喧嘩の揚げ句、とうとう寺に居づらくなって宝永七年（一七一〇）、十三歳の年に、夜陰に乗じてこの寺を飛び出してしまった。数珠をかなぐり捨てた法泉は、かねてから風の便りで、今は亡き母親の親戚で、自分の叔父にあたる松永弾正の支族で松永操雪という侍が、当時の佐倉藩主稲葉侯に仕えていることを聞き知っていた。法泉はこの血縁を頼って飯岡から二十里余り離れた印旛の佐倉を目指した。ひもじい腹をかかえて佐倉の城下に着き、叔父の屋敷を探し当て、水谷家の系図を見せて生い立ちを語り、叔父のもとに住むことになった。

　法泉は還俗して、名前も元の覚太郎に戻したが、叔父の意見で父方の水谷姓を名乗らず、母方の松永姓を名乗ることになり、字《あざな》を宗弼《そうひつ》といい、さらに改名して有也を称した。呑舟は佐倉に暮らすこと三年の後、彼の非凡の才を感じた叔父のはからいで江戸に遊学することになった。林家（林道春）の門に入り、さらに昌平黌《こう》に学び、和漢の学を修めた。山崎闇斎の学風を排し、貝原益軒に私淑、五年間にわたって研学の功を積んだ。学成り、錦を飾って佐倉に帰った。ここで叔父のあっせんで稲葉侯に仕官して禄二百五十石をもらった。大髷《まげ》を結って裃《かみしも》を着け、大小を腰にする身分となったのであった。

呑舟は意外な出世をしたが、享保八年（一七二三）稲葉侯が佐倉から十万二千石の領地、山城国淀城へ国替えとなったとき、藩主からとがめを受けて罪を問われることになったことを知り、佐倉から脱走して行方をくらました。彼が冒した罪は何だったのか。この時、呑舟は二十六歳（年齢はいずれも数え年）、姿形もよく、文才も優れていたため、奥方付の〝山《やま》吹局《ぶきのつぼね》〟という奥女中に懸想され、女性の方から近づいてきた。こうして相思の仲となったが、この浮名が殿さまの勘気に触れて罪を得たのであった。女犯《にょぼん》の詮議を受けて、稲葉家のお尋ね者となったのである。

こうして呑舟は住所不定の浪人となって、身を行雲流水に委せ、佐倉をあとにして中山道・木曽路をたどって上方に落ち延びた。巡礼姿の桧笠に顔を隠して京都に着いた。もとより文才豊かな呑舟は、かつて日蓮宗の僧で、還俗した戯作者《げさくしゃ》の近松門左衛門を縁《たよ》って食客となった。この頃、門左衛門は「国性爺《こくせんや》合戦」と題した浄瑠璃本を考案中だったので、この狂言物の創案脚色などの手伝いをしていたが、門左衛門は享保九年十一月に死去した。呑舟はその時、二十七歳であった。

頼りにしていた門左衛門が亡くなって、呑舟はたちまち生活のつてを失った。そこで都の儒者で通称笠原玄蕃といった原雲渓の塾に身を寄せて助教授となったが、居候暮らしは長続きせず、半年余りで雲渓の塾を去り、洛陽の巷をさまよい歩いた。落魄《おちぶれ》た呑舟は、進退に窮した揚げ句、十五年ぶりに髪を剃り、元の坊主となって墨染の袈裟衣《けさごろも》を着、錫杖をついて托《たく》鉢《はっ》して回った。京都から近江路を回ること三年、三十一歳の冬、伴《とも》の御手洗新太郎を従えて大和路に入り、真言宗豊山《ぶざん》派の総本山である長谷寺《はせでら》（初瀬寺、奈良県桜井市）に入門して禅の修行を積むこと三年、さらに京の洛東四条の翰林《かんりん》院に学び「和漢両派之学士」の称号を得て、各檀林（仏教の学問所）の講師となった。こうして数多くの異宗の僧侶を薫陶し、洛陽嵯峨世尊寺十七代の大宗師となった。京の智山院綜義や、恵峰山の義阪客運といった名僧も呑舟の門弟だった人たちであった。

しかし、何を感じたのか、呑舟は敢然としてこの華厳世界を見切って、飄々として再び雲水となって流転の旅に出た。京を去って江戸に入り、元文二年（一七三七）、常陸国鹿島郡滝浜村の福寿院東明寺という真言宗の寺院に住みついた。この寺も一年ばかりして去り、所々方々と渡り歩いた後、翌年の秋、下総水郷宮の地に来て庄屋の久保木太郎右衛門を訪ねてわらじを脱いだ。元文三年、呑舟四十一歳の時であった。

呑舟はここを墳墓の地と定めた。篤学者の太郎右衛門は、呑舟のめざましい博学を看破して、大いに周旋して香取神土山根本寺に入れて住持とした。こうして呑舟は波瀾曲折の半生に終止符を打ち、ここ水郷の一角に隠栖することとなった。

根本寺は香取神宮の参道わきにあり、神宮に付属した金剛宝寺の末派の寺で真言宗である。鹿島の根本寺と併称された水郷の名刹であった。後の安永四年（一七七四）の頃、寺領を没収されて無位となり、明治維新の廃仏棄釈の後、再興する人もなく、今は畑地となって、無縁の卵塔石や五六基の板碑が古い寺地のおもかげを残すだけ。寺の縁起を尋ねようにも資料もない。

さて、呑舟である。太平洋の浜辺に産湯を流した浜辺育ちの呑舟は、雄大な天空開闊《かいかつ》の気象をうけ、その性格は磊落不羈《らいらくふき》で英雄僧の風格を備えていた。すこぶる奇行に富み、洒脱《しゃだつ》ぶりを発揮したという。常に老荘の気魄を慕い、天地玄妙の真理を究めた。彼は諱《いみな》を長鯤《ちょうこん》といい、字を北溟《ほくめい》、雅号を呑舟と号した。『荘子』に、

「北溟に魚あり、其名を鯤《こん》と為す。鯤の大きさ其幾千里なるを知らざるなり」

とある。鯤という魚は古代に棲息した海龍で、呑舟ともいわれた。その諱も、雅号も、この『荘子』の一節から選んだもので、独往飛躍の気概をこめたものであろう。彼呑舟は羽翼《はね》が生えて大鵬に化す時節が到来しなかったので、図南の志を抱きながら、香取の寺に雌伏し

てその一生を終わった。
呑舟は佐倉を脱藩してから、世間的には不遇に終わったが、人生を達観した彼は世の中に見限《みきり》をつけて仕官せず、功名栄達を忘れ、肉食《じき》妻帯は仏弟子に許されないと一切の情念を断ち、

「枯木寒厳に依り、三冬暖気なし」

と自らいう閑寂な暮らしに甘んじた。

ここで松永家の血縁をたどると、すでに述べたように、松永姓を継いだ連歌師の松永永種は、子供のころ〝文珠喝食《かつしき》〟と呼ばれて神童の誉れが高かった。その子の貞徳は十一歳の時、九条稙通から源氏物語研究の秘伝を授かり京の妙蓮寺で〝源氏竟宴の会〟を開いてもらっている。父子そろってめざましい早熟の才に恵まれていた。永種の曽孫にあたる呑舟も、早く両親を失いながら、下永井の観世寺に引き取られ、一を聞いて十を知る秀才ぶりを発揮している。松永家の血筋の中には、こうした秀才多芸の血が脈々と生き続けていると見て間違いはないであろう。

松永久秀が近世城郭のはしりである奈良の多聞山城を築いたのも、単なる武将でない、先祖から受け継いだ美的素質が、石垣白壁、そして天守閣のあの多聞山城を築かせたと類推するのは独断とはいえないであろう。呑舟の存在は、松永久秀の中に流れていた優れた血脈を

裏づける一つの証しといえないだろうか。

さて、その呑舟は粗食敝衣《へいい》に甘んじていたが、豪飲斗酒を辞せぬ大酒飲みであった。酒飲み肴《さかな》食わずで、彼は一丁の豆腐で、三升の酒を平げたという話も伝わっている。さすがの酒豪も晩年は酒量大いに衰え、八十三歳の安永九年（一七八〇）九月二十一日に死去した。呑舟の葬儀は久保木太郎右衛門によって執行され、同家の過去帳に呑舟の法名が書かれ、「権大僧都法印長鯤」と書かれた位牌が仏壇に安置されているという。

『松永北溟略伝』を書いた本宮三香は、香取の古老の伝えるところとして次のような土地の童謡を残している。

根本寺の狸囃子《ばやし》

神道山のふる狸今夜も踊にやって来た
お寺の座敷の真ん中で坊さん狸と盆踊り
法衣《ころも》を端折《はしょ》ってスタコラサアー
お腹をたたいてポンポコポン
狸囃子《ばやし》は面白い外ではお月さん見てござる

酒買い狸

神路山の古狸　　　　　徳利《とっくり》さげてどこへ行く
呑舟様のお使いじゃ　　酒が一升豆腐が二丁
木葉の札でも釣がくる　瞞《だま》しちゃいけない古狸
呑舟さまとは嘘《うそ》の皮　剥かれて狸は是非もない
尻尾《しっぽ》を出して逃げ出して　古巣へ這入《はい》って空寝入り

三香は、野口雨情の童謡で知られる木更津の「証誠寺《しょうじょうじ》の狸」の原型がここにあるのではないか、としている。

第七章　三好・松永勢に立ちはだかった勢力

●管領・細川晴元とその一族

三好・松永両氏の京支配に、しぶとく抵抗したのは、足利将軍を担いだ管領・細川晴元である。細川氏は元来、阿波の守護で、三好家の主筋にあたるが、三好長慶の父、元長を滅ぼした黒幕が晴元であったことから、三好家の仇敵となり、自滅に追い込まれることになった。三好氏の京支配を結果的に演出することになった細川一族の存在を振り返ってみよう。

足利幕府の初代将軍尊氏は、公武合体の建武中興政権に合流して北条政権を打倒したが、建武三年（南朝延元元年＝一三三六）中興政権から離脱、いったんは敗れて九州に敗走、さらに勢力を整えて京に攻めのぼり、足利幕府を創立した。九州に逃れるとき、尊氏は、一族の細川和氏らを四国に派遣して兵力の結集を命じた。和氏は阿波、讃岐を中心に兵力を動員して湊川の決戦に参戦し、足利軍の中心となって活躍した。

和氏は暦応四年（南朝興国二年＝一三四一）阿波の経営を弟の頼春に譲り、頼春は細川氏として最初の阿波の国の守護となった。以後、細川氏の阿波支配が続き、南北朝の時代、南朝側だった三好氏も、やがて細川氏の被官となった。

三代将軍義満のとき、細川頼之が京に招かれて室町幕府の初代執事（管領）となり、困難を極めた南北朝動乱を終息させた。その政治手腕は、高く評価され、室町幕府内での細川氏の優位性を確立した。執事就任のため上洛した頼之は阿波・讃岐の守護職を弟の詮春に嗣がせた。このため、京の管領家の細川氏と、阿波守護の細川氏の二つの細川氏が生まれ、後々対立を深めることになった。

二つの細川家の対立は管領細川政元の時代に、いっそう激しいものになった。両家の対立のいきさつは『細川両家記』に詳しい。

細川政元に子がなかったため、身内の人たちが相談し、関白の九条尚経の子を養子にした。後の澄之である。しかし政元はいま一人、阿波の守護の細川義春の子、澄元を養子にして家を譲ろうとした。細川家が澄之派と澄元派に分裂して相争ったことはすでに述べた。

●細川高国の登場

ところが細川政元のいま一人の養子高国がここで登場する。高国は元来、和泉守護職の細川家の出で、管領家との関係からいえば、地理的条件から阿波守護家出身の澄元より、宗家との間柄は親密であった。澄元より五歳年上で、政元の養子となったのは高国のほうが早かった。その高国が淡路守護の細川尚春らとともに澄元軍に協力、澄之を京の宿舎に攻めて、これを殺した。澄之はまだ十九歳であった。澄之の与党の薬師寺長忠、香西元長らも戦死してしまった。政元を殺してからわずか四十日の天下であった。澄元は将軍義澄から家督相続を許された。

澄元も澄之と同じ十九歳であった。その年若い主君に代わって実権を握ったのは執事の三好之長であった。しかし之長は都の生活に慣れず、乱暴狼藉が目立った。権勢を誇る之長が率いたのは阿波水軍、つまりは阿波の海賊衆約七千人であった。彼らの洛中での乱暴も目に余った。之長の専横に立腹した澄元が本国に帰ろうとして、将軍義澄の慰留で思いとどまったこともあった。

こうした中、澄元・高国の間はとかく円滑を欠き、永正五年（一五〇八）三月、高国は澄元に忌避されて身の危険を感じ、伊賀に出奔して仁木高長を頼った。高国は澄之追討の功もあり、管領家継承の望みを抱くようになったのも当然であった。高国は挙兵して澄元を討とうとした。摂津の伊丹元扶《もとすけ》や丹波の内藤貞正らが、さっそく高国の呼びかけに応じた。高国は細川政元に追われて周防に下っていた十代将軍の足利義尹《よしただ》（後に義稙《よしたね》）、周防守護職大内義興や、河内・紀伊の守護職畠山尚順《ひさのぶ》・同義英らとも連帯していたといわれる。その義尹が大内義興に擁せられて京に攻め上ってきた。

情勢不利とみた細川澄元は、三好之長とともに近江に奔った。足利義尹は海路堺に上陸し、細川高国、畠山尚順らに迎えられ、高国は義尹から細川宗家（京兆家）継承の承認を受けた。畿内一円は高国派の手で平定され、永正五年（一五〇八）六月、高国は義尹の先駆として入京し、やがて義尹は将軍として復活、細川高国は細川氏惣領として右京大夫に任ぜられた。高国は同時に摂津・丹波両国の守護に補せられた。両国の守護職は一年足らずの間に政元―澄之―澄元―高国と目まぐるしく交代したのである。

以後、政権の座を維持したのは細川高国であった。澄之―澄元両派に分かれて抗争していた細川家は、こんどは澄元―高国両派で争うことになった。前将軍足利義澄はバックを失って近江に奔っていたが、永正八年、近江の岡山城で病死した。この年七月、阿波に走って再起を準備していた澄元は一族の細川政賢や細川尚春（淡路守護）の兵とともに細川高国の兵を和泉に撃破して京都に迫った。高国もさらに精鋭部隊を派遣し葦屋《あしや》河原で合戦となり、今度は淡路衆が大敗した。敗軍の澄元は、播摩の赤松義村に支援を求めた。義村は二万の大軍を催し、高国方の瓦林政頼の立て籠る鷹尾城を猛攻、政頼は八月十日、城を放棄して伊丹城に退却した。

澄元・赤松軍の入京が迫り、将軍義尹と細川高国は、いったん丹波に退却したが、態勢を立て直して八月二十四日、両軍は京都船岡山で激突、大内勢の奮戦で高国方の勝利となった。船岡山合戦で勝った高国の政権は、この後、一挙に強大な安定政権となった。

永正十六年十一月、澄元はまたまた三好之長をはじめ四国勢を率いて兵庫に上陸した。高国は丹波・山城・摂津諸国の侍を率いて十二月はじめ、池田城に到着、激しい戦いになった。澄元方の三好之長は難波に陣取り、翌年二月十六日、大物《だいもつ》北の横堤で激戦を展開、高国はその夜中に京都へ敗走した。澄元方の大軍は伊丹城に殺到した。伊丹但馬守は、

「この城は数十年の間、諸侍・土民以下を苦しめながら築城したのに、一戦もしないで逃げるのは、なんとしても残念だ」

と、家々に火をかけ、天守で腹を切った。

京都に逃げ帰った高国は、さらに近江に逃げたが、今度は六角定頼の応援を得て、近江・美濃・越前の兵三万余騎を集め、近江坂本に着陣した。丹波の守護代内藤貞正も高国に応じて京都を挟撃した。三好之長の率いる阿波衆の中にも高国に降参するものが出る有様で、戦にもならず之長は大敗した。伊丹城で病身を養っていた澄元は阿波に遁走した。三好之長父子三人は逃走の機を失って京都の曇華院《どんげいん》に隠れたが、淡路守護の細川尚春の子、彦四郎が高国に請うて曇華院を囲み、之長父子は降参した。細川尚春は前の年五月に三好之長のために阿波高津で殺されていた。澄元方であった尚春が、高国方に寝返ったためと見られている。

彦四郎にとって之長は親の仇であった。高国に申し入れて之長を百万遍知恩寺で切腹させた。之長は澄元と同じように逃れる道があったと見られるが、体が肥満していて動きがとれず、ひそかに逃げることができなかったという。

一方、病身であった澄元は、伊丹城から阿波に帰ったが、ひと月後に、居城の勝瑞城で波乱に満ちた生涯を閉じた。三十二歳であった。また大内氏と細川高国に担がれて将軍に返り咲いた足利義稙《よしたね》（義尹改名）だったが、永正十八年（一五二一）三月七日、細川高国の専横に憤激して、都を捨てて堺に去り、さらに淡路に潜行していた。この頃の淡路は尚春の子彦四郎が、高国から淡路守護に任ぜられていたが、ほとんど京都にあって淡路に入国していなかった。細川尚春死後の淡路を制圧していたのは三好党であった。義稙は淡路の孤島沼島《ぬしま》にひそんで再起をはかったというが、さらに阿波に移り、大永三年（一五二三）再挙を果たせないまま生涯を閉じた。

こうして京都にはまたまた将軍がいなくなった。高国は赤松義村に預けられていた前将軍義澄の遺児亀王丸を擁立しようと考えた。しかし、義村は澄元派、つまり反高国であるから、正面から交渉しても拒否されることは明らかである。そこで高国は義村と対立抗争を続けていた高国派の浦上村宗に相談した。村宗は主の赤松義村をだまして誓紙を書き、義村に降参するようにつくろった。義村はこの誓紙を信じて亀王丸を奉じて遊清院という寺に出かけたところを捕えられた。こうして浦上村宗は亀王丸を連れて上洛した。亀王丸はこの時、十一歳だった。細川高国を烏帽子《えぼし》親として元服し、十三代将軍義晴となった。浦上村宗は、このとき、先に捕えた赤松義村を幽閉し、大永二年、家臣をやって義村を殺させている。

細川高国政権は安泰な日々が続き、大永五年四月、高国は薙髪《ちはつ》して道永と号し、家督を子の稙国に譲った。翌六年思わぬところから高国陣営に内紛が起きた。この年七月、細川尹賢が、かねてから不仲であった香西元盛を高国に讒言《ざんげん》した。高国は元盛を召し出して真偽を糾そうとしたが、尹賢は主命をいつわって元盛を自殺させてしまった。元盛が文盲だったことから、右筆の矢野宗好が尹賢に買収されて、主人を裏切ったためであったという。元盛の兄、波多野稙通（元清）は丹波の八上城に拠り、柳本賢治も同国の神尾寺城に籠った。ここで澄元の子、細川晴元が登場する。波多野稙通は、弟の敵の細川尹賢を討つために、高国に叛いて阿波の細川六郎（晴元）と結んだのである。

阿波の細川晴元にとって、高国は父澄元を滅ぼした不倶戴天の仇であった。波多野、柳本の謀叛は晴元には待ちに待った好機であった。大永六年十二月、晴元の先陣の四国勢が堺に上陸した。柳本賢治らは山城の西ヶ岡に進出し、四国勢と呼応して大永七年二月十二日、桂川の戦いで高国・尹賢軍を破った。高国は将軍義晴を奉じて近江に走り、柳本賢治らが入京して京都の支配権を奪った。

三好之長の孫元長は、大永七年三月、足利義澄の子、義維（義冬）と細川晴元を奉じて堺に進出した。細川高国は、三好元長にとっても祖父と父を滅ぼした仇敵である。

高国は、畿内の与党や越前の浅倉教景の援兵を集めて京進出をはかり、西七条の泉乗寺桂口の戦いで激戦を交わしたが、高国方は三好元長の率いる四国勢の勇猛さに恐れをなして、以後大規模な戦いを避けた。高国は元長と和睦をはかり、双方が人質を交換する話合いまでいったが、和睦に反対する柳本賢治らが堺に行って晴元に讒言《ざんげん》した。元長は堺に下って晴元に弁明したが、晴元と元長の対立は解けず、元長は享禄二年（一五二九）八月、いったん阿波に帰国した。京都と畿内の中心部はこの間、柳本賢治の支配下にあった。享禄三年六月、柳本は播磨に下向して城攻めしている間に、六月二十九日、高国派の浦上村宗の部下に暗殺された。

一方、近江に逃げていた細川高国は甲賀から伊賀に向かい、仁木義広を頼ったが、さらに伊賀から伊勢、越前、出雲へ流浪の生活を送った末に、播磨の浦上村宗に京都回復を托した。享禄二年八月、細川高国・浦上村宗勢は播磨から摂津に侵入した。細川晴元の部将、高畠甚九郎、薬師寺国盛らが防戦したが、大物《だいもつ》城（尼崎市）の攻防で薬師寺国盛が降参して晴元側が敗北した。国盛はもともと高国方であったが、自分の子を人質にして堺の晴元に帰順していたのが、再び高国方に寝返ったのであった。七歳になるその人質は、翌年三月堺北庄で殺されている。敗北を続ける晴元は、阿波に帰国していた三好元長に使者を送って招き寄せ、元長は享禄四年二月、精鋭を率いて堺に着船した。

高国・村宗らは三月十日、摂津中島に陣を構えて、堺の晴元を攻めようとしたが、晴元は三好元長の助勢で逆にこれを破り、高国側は天王寺に退いた。三月末に阿波の細川持隆が援軍を率いて、晴元軍に合流、畠山義英の被官・木沢長政も晴元側に加わった。こうして高国、晴元の決戦の時を迎える。

享禄四年閏五月、三好元長は住吉に陣を張り、一万五千の軍勢で天王寺の高国の陣に攻撃を仕掛けた。堺には晴元勢八千がひかえていた。小競り合いが続くなか、神咒寺《じんじゅ》にいた播磨守護の赤松政祐が晴元方に内通して、浦上村宗の背後を襲った。政祐は父義村の仇として村宗を討つ機会をねらっていたが、この時期に反逆の挙に出た。これと呼応して三好元長が総攻撃を仕掛けたので、細川高国方の薬師寺国盛・河原林（瓦林）日向守ら主立った守将が討ち死にし、浦上村宗も戦死した。逃げ場を失って野里川で溺死した者が五千人に上ったという。

細川高国は敗戦の中を尼崎に逃れ、町屋に隠れていたところを、密告で捕えられ、晴元の命令で尼崎の広徳寺で自害させられた。世に〝大物《だいもつ》崩れ〟といわれている。享禄四年六月八日のことで、高国は四十八歳であった。

●三好元長、細川晴元と対立

享禄四年（一五三一）六月に細川高国が尼崎広徳寺で自殺し、翌年には細川尹賢が摂津富田で木沢長政に攻囲されて自殺した。永正四年（一五〇七）から二十五年に及んだ両細川の対立（細川高国対澄元・晴元）はようやく決着がついたが、平和の到来はほんの束の間しか保たれなかった。新たに三好元長と木沢長政の対立が表面化し、八月には河内飯盛城で戦いが始まったのである。

木沢長政は元来河内守護職の畠山義宣《よしのり》の被官だったが、細川晴元の信頼を得て自立しようとした。主君の義宣は、三好元長の一族である三好遠江守勝宗の応援をもとめて長政を飯盛城に囲み、長政は敗れて細川晴元の援けを求めた。元長の叔父政長（宗三）は、かねてから元長に代わって三好家の惣領になろうと晴元に取り入り、元長を讒言《ざんげん》していたが、この時も晴元に木沢長政応援の利を説いた。晴元は意を決して摂津中島へ出陣して、畠山・三好軍を破り、富田に兵を進めようとしたが、阿波守護の細川持隆（晴元の従兄弟）に諫められて断念した。晴元が姉婿である畠山義宣を討ってまで木沢長政を援けようとしたのは、三好元長が畠山義宣を応援していたためで、晴元の元長忌避は以来益々露骨になっていく。

晴元の元長嫌いは、六角定頼の仲介で享禄元年に元長が将軍義晴と和解を進めようとしたことに遠因があった。晴元は、元長が細川高国の管領を承認する筋書を、晴元の了解なしに進めようとしたことに激怒し、結局、和談は不成立に終わっている。晴元は宿敵高国を滅ぼしてしまうと、功臣元長の存在が邪魔になっていた。

晴元と元長の間が決定的に悪化したのは、天文元年（一五三二）正月、元長が京都で柳本賢治の子神二郎を攻めて自殺させたことからであった。元長方は先に賢治のために殺された伊丹元親の仇を報じたものだった。伊丹元親はもともと高国党だったが、晴元に降って元長の被官となっていた。このため元長と対立する柳本賢治に殺された。元長党は面目にかけて仇を討とうとした。ところが自殺させられた神二郎は、父賢治の遺志に従って木沢長政や三好政長（宗三）と気脈を通じており、晴元に取り入って元長と対抗しようとしていた。晴元は怒って元長を責めた。元長は主君晴元に申し訳のため、出家して海雲と号し、阿波守護職の細川持隆（晴元の従兄弟）を通して誓紙を出したが、晴元はこれを許さず、持隆も憤慨して晴元と義絶して四国に帰国した。こうして三好元長も深く晴元を恨むようになった。

この年（天文元年）五月、畠山義宣と三好遠江守勝宗は、大和の筒井順興（順慶の祖父）の応援を得て、再び木沢長政を飯盛城に攻めた。長政は三好政長（宗三）の助勢を乞い、細川晴元は政長を援助したが、三好元長とは対立し、細川持隆に四国に去られて手許にはわずかの兵しかいないため勝つことができなかった。そこで晴元は山科本願寺の証如（光教）に本願寺門徒の出兵を要請した。本願寺は蓮如のときに細川政元と親交があり、実如（光兼）は両細川の対立に巻き込まれることを警戒して、中立を堅持するよう遺言したが、証如は遺言に反して晴元の要請を受け入れ、山科から大坂御坊まで来て摂津・河内・和泉三国の門徒に出兵を命じた。このとき以後、織田信長と戦った石山合戦のときまで続く畿内本願寺門徒の軍事行動が始まる。証如の命でたちまち集まった二万の一向一揆は飯盛城を後攻《あとぜめ》して三好遠江守を討ち取り、逃げる畠山義宣を追撃して石川（大阪府南河内郡）の一向道場で自殺させた。

畠山義宣の滅亡を知った三好元長は、危険の近いことを感じて、妻と長子（後の長慶）を阿波に帰国させ、門徒に包囲されて堺南荘の顕本寺で一族とともに自決したことはすでに述べた。

一方、本願寺門徒の力を借りて三好元長を滅ぼすことに成功した細川晴元だったが、一向一揆のすさまじい勢いに恐れを抱き、法華宗徒の力を借りて一向一揆に当たる。京の本圀寺・本能寺など二十一カ寺の法華信徒たちが、晴元の軍勢に合流、山門の僧徒、六角定頼の兵を加え、山科本願寺を包囲して焼き払った。証如上人は祖像を奉じて大坂御坊に移り、石山本願寺が生まれる。

一向一揆の活動は、以後もおさまらず、細川晴元方の軍勢との抗争は続いた。両者の抗争は一進一退、晴元は淡路から帰って木沢長政、法華宗衆徒らと、一向一揆勢が占拠していた堺を攻めて大坂に追い返し、五月には石山本願寺を攻めている。しかし石山は容易に落ちず、天文二年（一五三三）六月両者の間で和議が成立した。この和睦を仲介したのは三善千熊（三好仙熊、後の長慶）といわれている。

●細川・三好両氏の抗争に幕

三好孫次郎範長（長慶）が二千五百人の士卒を率いて初めて上洛したのは天文八年正月である。父元長の遺領で、元長の死後一族の三好政長（宗三）に与えられていた河内の一七カ所（大阪府守口市）の代官職の補任を幕府に願い出たのであった。元長の遺領を政長に与えたのは細川晴元であった。長慶は管領の晴元を通さず、直接幕府に要求したのである。長慶と政長の対立は、やがて政長を助ける晴元と長慶の争いとなる。しかし、この時は長慶が将軍義晴の説得もあって、摂津越水城に退いた。天文十年木沢長政が細川晴元に離反した。木沢長政は元来河内守護畠山氏の家臣だったが、細川晴元に通じて旧主を敗死させ、晴元の重臣三好元長を滅亡させるのにもひと役買ったくせ者。こんどは盟友三好政長を排斥して、元長の嫡子長慶も滅ぼして実権を手にしようとしたものだった。長慶は天文十一年三月、父の仇長政を太平寺（大阪府柏原市）の戦いで破ってこれを殺し、覇権への道を切り開いた。

木沢長政の死から九カ月後、細川氏綱が晴元に敵対する。氏綱は細川高国の縁戚で、高国の跡目と称して河内、和泉、紀伊の高国の残党を糾合して晴元に叛旗を上げた。両細川の対立が再現したわけである。反晴元の中心となったのは河内守護代の遊佐長教であった。長教は将軍義晴に働きかけて細川管領家の家督を晴元から氏綱に変えさせようとした。

この頃、三好長慶は妻（波多野秀忠の女）を離別して、遊佐長教の女を娶っていた。長慶は舅となった長教から、父元長が晴元と一向一揆に追いつめられて自刃した背後に、三好政長（宗三）が暗躍したことを聞かされた。元長の死後、三好一族の長老として晴元の信頼の厚かった政長と長慶は、それまで協力して晴元のために働いてきたが、父元長を死に追いつめたのは木沢長政だと思っていた長慶は、その背後に一族の政長がいたことを知って強い怒りを禁じ得なかった。政長はこのいきさつをいち早く知って天文十八年（一五四九）六月、榎並の城を出て、晴元麾下《きか》の軍勢三千を引き連れて江口の里に陣を構えた。この時の戦いは、三好長慶にとって主筋の細川晴元と袂を分かって、京と畿内を制する転機となった。戦いの顚末は『舟岡山軍記』に詳しい。

江口という土地は、四方に大河が流れ、路が狭いのに、波打際まで逆茂木《さかもぎ》がめぐらされ、攻め難い。また出撃するにも船でなくてはできないので、政長勢はなんとなく、支援の近江六角勢の到着を待っていた。しかし六角定頼の子、義賢は、政長に「山崎を越えて合流する」と、たびたび連絡しながら、なかなか近江さえ出発しない。政長軍にしてみれば、敵は勢いが強く、兵糧を送る船を押さえている。政長は仕方なく、

河船を止めて近江の勢も来ず、訪《と》わんともせぬ人を待つかな

と、短歌を詠んで士卒を慰めていた。

一方、三好長慶は、中島に進出、麾下の大将たちを集めて評定を開いた。中にはすぐに江口の城に押し寄せよう、という人があったが、天下の安否はこの一戦にかかっているため、多くの人は口を閉ざしていた。そんな中で長慶の末弟十河一存《かずまさ》が進み出て、

「何の異論がありましょうか。敵はさほど強勢とも思えません。もし江州（近江の国）の軍勢が到着すれば、味方は勝てないかもしれません。急いで晴元の籠る三宅の城に押し寄せて、晴元に腹を切らせ、それから江口に押し込んで、無二無三に攻めまくって勝利すれば、心地よいことだと存じます」

と述べた。参会の一同も皆賛成したが、長慶はなおも、

「主君に腹を切らせるのは、私の本心ではない」

という気配であった。

十河一存は夜を徹して馬に秣《まぐさ》を与え、兵たちに戦仕度をさせて、天文十八年六月二十四日、

朝霧の中を三百騎余りで大旗、小旗をなびかせて出撃、三宅の城に押し寄せた。一、二本矢を射ちあうなり、大手の城戸の逆茂木を引き破って二の木戸まで押し詰めた。城中はわずか百人にも足らぬ軍兵だったが、さすが名のある侍たちだったので、二の木戸を押し開き、追いつ追われつ、刀や槍のきっさきに血をそそいで戦った。十河勢も少し退き、息をついだ。

大将十河一存は士卒を励まし、

「この城はいまひと攻めすれば落とすことができよう。しかし元の主君に腹を切らせるのも、わが方の本意ではない。さあ、皆みな江口の城に押し寄せて宗三（政長）を討ち取り、長慶殿の宿意を遂げようぞ」

と、三百騎は淀川の東の岸に引き返した。

江口の城を見渡すと、逆巻く水は岸にただよい、寄せ来る波は岩盤を叩き、寄せようもなく見えたが、四国の海賊との戦に慣れた二十余騎の侍たちが、一気にさっと討ち入り、一文字に流れを横切って向う岸にかけ上がり、具足に水をしたたらせて立った。一存は士卒に下知して、

「あの者たちを討たすな。続け続け」

と呼ばわり、三百騎がどっと討ち入った。江口城の西の木戸を固めていた政長勢は戦うことなく崩れた。城の西の一角が破れたのを見た三好長慶は二万余騎を率いて、東の木戸に押

し寄せた。城中に籠っていた兵は二千余騎。いずれも勇名をとどろかせた兵たちで、激しい戦になると思われたが、城中に三好方に通じる者がいるとの噂が流れ、互いに心をはかりかね、戦おうとする者がまるでない。そのうえ四五日兵糧が尽きて食を断たれていたので、心ばかりは勇めども、抵抗する力をなくし、木の葉の風に散るように群がり立って、討たれる者数知れず、という有様。政長はといえば、河を渡って逃げようとするのを、河内の国の足軽が見つけ、追いかけて討ち取った。政長は世にかくれない勇士で、武芸にも達していたのに、運尽き果て、雑兵《ぞうひょう》の手にかかったのは無惨というほかない。ここで討たれた者は総数千三百八十一人に上った。そのほか河に沈み、水に溺れ生死不明の者数知れずという有様であった。

三好政長が討たれたことが三宅の城に知れたので、細川晴元は居たたまれず、主従十一人で城を忍び出て、丹波路から上洛しようとしたが、あまりに面目なく、嵯峨にしばらく留っていた。将軍これを耳にして、伊勢貞孝を使者に立て、

「合戦のならい、勝敗は時の運なれば、急ぎ帰られよ」

と伝えたので、二十五日には晴元は京に入った。

これより先、近江の六角義賢は、三万六千余騎を率いて、晴元に協力しようと上洛し、諸軍勢は瀬田唐崎などから進軍して西ヶ岡、山崎などに陣を取ったが、前日の合戦で三好政長

（宗三）は討ち死にし、晴元が逃亡したことを聞き、我先に江州指して引き揚げた。義賢は将軍義晴・義輝父子のことが心配と、北白川に陣を張った。将軍も細川晴元と一緒に都を去り、その日は東山神楽岡に陣を据え、六角義賢らを召して軍評定を行った。将軍義晴は、

「天下の安否は必ずしも此の一戦に限ることはない。再び大軍を起こして、逆徒を退治すればよい」

と述べて、二十八日には近江の坂本に向かった。

江口の戦いは、管領の細川氏から実質的に畿内制覇の実権を奪い、三好長慶政権が誕生する大きな転機となった。長慶の根拠地は引き続き越水城であった。天文二十年（一五五一）、京都で長慶暗殺未遂事件が二度起きた。京都には近江に逃げた細川晴元と、一緒に逃げた将軍義藤（義輝）に心を寄せる者があり、長慶にとって安全な土地ではなかった。長慶は将軍直属の家臣ではなく、また将軍義藤と管領晴元を打倒する強い意志がなかったため、京都に固執する必要もなかった。こうして西摂津を本拠にして京都を支配する越水政権が誕生した。

近江に逃げた将軍義藤と細川晴元は、当然京都回復を熱望した。天文二十年七月、晴元は三好政勝・香西元成ら約三千の軍勢を入京させ、相国寺に拠った。長慶はただちに松永久秀を派遣して攻撃し、たちまち追い散らした。長慶の内の者とされていた久秀は、武勇の名をあげていた弟の長頼にも支えられて、この頃から武将として活動を始め、長慶が越水に去っ

た後の都の防衛と治安を一手に引き受けていた。武将として独り立ちしたといってよいだろう。

軍事力で京都を回復することができないことを知らされた将軍義藤（義輝）にとって、あとは三好長慶と和解するしか、京帰還の道はない。その和解を仲介したのは六角定頼と、その子義賢であった。和解成立の条件は細川晴元の出家などの四カ条であった。義藤は天文二十一年一月、近江朽木《くつき》を出発して京に入った。晴元は出家して、代わって細川氏綱が細川高国の跡目を相続して管領職に就いた。

しかしこれで、細川晴元の抵抗が終わったわけではなかった。晴元は若狭へ走り、なおも京奪回をはかろうとする。将軍義藤も霊山城に入り、丹波の波多野晴通ら丹波勢と呼応して三好勢と対抗、晴元も丹波に入って気勢を上げた。長慶は主力を率いて京に入り、霊山城を攻めてこれを陥《おとしい》れる。将軍義藤は再び近江の朽木に逃れた。義藤は以後五年間、朽木で流謫《るたく》の生活を送ることになる。

永禄元年（一五五八）になって、近江の六角義賢は強力な三好勢力の前に、将軍の帰京を援助しきれないと判断して、再び三好長慶と和解の話し合いを進める。長慶は三好軍の圧倒的な圧力を背景に、六角義賢と交渉して、結局和解が成立、将軍義輝は五年四カ月ぶりに帰京した。

一方、先に出家した細川晴元も、反長慶の活動を続けていたが、三好方で庇護されていた嫡子聡明丸（信良）が元服して厚遇されていることや、長慶と将軍義輝の関係も円満に推移していたことから戦意を鈍らせた。落魄流浪の晴元は健康も損なっていたらしい。将軍義輝が長慶と晴元の間の和睦を仲介した。長慶は晴元を迎えて摂津富田荘（大阪府高槻市）に住まわせた。三好之長・元長・長慶と続いた三好家と細川家の対立は、ここでようやく結末を迎えたといえようか。

●紀州は畠山氏の奥座敷

三好長慶の右筆、実質的には執事であった松永久秀と三好一党が京周辺を制したのは、長慶が摂津江口の戦いで細川晴元勢を破った天文十八年（一五四九）から、織田信長が足利十五代将軍義昭を奉じて入京した永禄十一年（一五六八）までの約二十年間であった。この間、長慶・久秀は細川晴元を中心とした政治体制――管領制度を崩壊させ、将軍を追放して室町幕府を乗っ取ったといってよいだろう。しかし三好・松永勢力圏は、最大でも山城・摂津・丹波・河内・和泉・大和の畿内六カ国と四国周辺の淡路・阿波・讃岐・伊予の合わせて十カ国で、それ以上勢力を拡大することはできなかった。長慶・久秀勢の前に大きく立ち塞がったのは河内・紀州の守護畠山氏と近江の守護六角氏であった。ここで三好・松永体制の拡大を阻んだ二つの戦国勢力の実態をさぐってみよう。

まず畠山氏である。畠山といえば源平合戦で活躍した畠山重忠がよく知られているが、重忠の嫡子重保のとき、いったん北条氏に攻められて滅亡した。しかし重忠夫人が北条時政の娘で、北条政子と姉妹であったことから、政子らの計らいで一族の足利義純と再婚、名族畠山氏の名跡をついだ。

義純から五代目の畠山国清が南北朝内乱とともに足利尊氏の武将として活躍、足利一族の中の重鎮となったが、政争に敗れて没落、代わって弟の義深《よしとお》が活躍、その子基国は将軍義満の信任を受け、幕府機構を統括する最高の官職である管領に任じられた。基国は畠山氏中興の祖とされ、越中・能登・河内三国の守護を兼ね、応永七年（一四〇〇）には紀州守護にも任ぜられた。紀州守護は以後戦国時代末期に至るまで畠山氏に世襲されている。

正長元年（一四二八）畠山満家のとき、管領として初めて山城守護に任ぜられた。以後、寛正五年（一四六四）まで持国・義就《よしなり》・政長が守護職を維持し、山城は事実上畠山氏の世襲分国となった。

畠山氏は将軍義教の晩年、持国が義教から追放され、弟持永に家督が移ったことが原因となり、家臣団が二派に分裂して、以後長く抗争を続けた。持国が享徳四年（一四五五）死去したとき、家督は義就に譲られたが、妾腹の出である義就を嫌い、一族の政長を押す家老たちがいて、それを細川勝元が支援したため、抗争は泥沼と化した。長禄四年（一四六〇）義就は幕閣を追放され、吉野の奥に逃亡した。しかし義就は抜群の軍事的才能をもち、河内岳山城を包囲されて三年もちこたえている。これが細川勝元に対抗して幕府の大派閥を形成していた山名持豊の目にとまり、やがて持豊の手引きで吉野の山から脱出、応仁の乱では西軍の驍将《ぎょうしょう》として大暴れする。応仁の乱の前後十数年は、両畠山（義就派と政長派）の京都・山城争奪が戦局の中心となっていた。応仁の乱は、将軍家・斯波家など諸家の家督争奪が重なって発生したが、なかでも山城守護職をめぐる畠山両派の抗争が激烈で、大乱終息後もその戦闘は続いた。

　ここで、中世紀州の特殊な領国制に注目する必要がある。普通、他国では守護が国人を支配して、一国の権利を握っていたが、紀州は守護と国人だけで維持していたのでなかった。紀州には高野山、根来寺《ねごろじ》などの巨大な宗教勢力があり、いずれも広大な寺社領を支配していた。戦国期紀州の権力構成は、伊都郡は高野山の勢力圏、那賀郡は粉河寺と根来寺の二つの勢力圏、名草郡・海部郡（現在和歌山市・海南市）は雑賀《さいが》一揆の勢力圏、有田郡は守護畠山氏の勢力圏、日高郡は幕府の奉公衆湯河氏と玉置氏の二つの勢力圏、牟婁《むろ》郡はやはり奉公衆の山本氏と熊野宮の両勢力圏と九つの勢力圏に分かれ、一国を支配するような戦国大名は生まれなかった。

畠山氏は紀伊のほか越中・河内の守護であり、管領家として代々京に居住し、領国の支配は守護代に任せていた。しかも戦国期、政長派と義就派の二派に分裂し、細川氏との権力争いに敗れて両派とも河内に下っていた。そして紀州は河内での戦いに敗れた時に逃げ込み、体制を立て直すための畠山氏の分国、奥座敷であった。

ルイス・フロイスの『日本史』（柳谷武夫訳）でも紀州の情勢について次のように述べられている。

堺付近は和泉の国というが、その先には国を挙げて悪魔に対する崇拝と信心に専念している紀伊の国という別の国が続いている。そこには一種の宗教団体が四つ五つあり、いずれもが大きな共和国的存在で、いかなる戦争によってもこの信仰を滅ぼすことができず、大勢の巡礼が絶えずその地に参詣していた。

三好長慶の父、元長は、大永七年（一五二七）、足利義維《よしつな》（義冬）・細川晴元を奉じて堺に上陸、義維は堺の顕本寺を本拠として畿内を制圧、「堺公方」「堺大樹」と呼ばれ、近江に逃げていた「近江大樹」足利義晴と権威を二分していた。畠山義就派の河内守護家・畠山義堯《よしあき》は「堺公方」方に与《くみ》したが、河内半国の守護代・木沢長政が、幕府の実権を握ろうとしていた細川晴元と組んで享禄五年（一五三二）河内の飯盛山に拠る主君の義堯を攻め、義堯は自刃した。さらに木沢長政は細川晴元とともに一向衆十万の軍勢で「堺公方」の本拠顕本寺を襲わせ、三好元長を自刃させた。木沢長政は守護など意に介せず、南山城・大和・河内を勢力圏とし、細川晴元政権からも自立して独自の地方権力を打ち立てようとした。もう一人の河内守護代・遊佐長教は、かつて彼が追い出した元河内守護の畠山稙長《たねなが》を再び守護につけようと画策した。木沢との対決を決意した幕府は、紀州の稙長に軍事動員を要請した。稙長は根来衆、高野衆、粉河衆、雑賀衆、湯河氏らの総勢三万の軍勢を率いて、天文十一年三月高屋城に入城、河内太平寺（大阪府柏原市）で木沢軍と激突、木沢長政は信貴城・二上城・飯盛城から兵五千を出動させて合戦におよんだが、木沢方の完全な敗北となり、木沢長政は遊佐氏の被官小島という武士に首をとられた。飯盛城は残ったが、信貴城・二上城は焼かれた。

木沢滅亡の結果、河内の守護に畠山稙長が返り咲いた。畠山稙長が紀州の主だった勢力を動員できたのは、守護家の兵力動員権がものをいったといえよう。紀州は数多い分国に支配権が分かれていたが、兵力の動員権は守護家にあった。

天文十一年（一五四二）に太平寺の合戦で木沢長政が敗死して後、遊佐長教が河内守護代として活躍、長教は長慶の岳父でもあり、三好長慶との関係は悪くなかったが、反三好派との争いから天文二十年、刺客の手で暗殺された。

遊佐長教の跡を継いだ新しい河内守護代の安見直政は、永禄元年（一五五八）、国守の畠山高政を河内から追放、以後河内は安見、畠山、三好の三つの勢力が入り乱れた。永禄三年、三好長慶は河内出兵を決行、阿波の同族三好義賢（実休）らの軍勢も参加して高屋・飯盛両城を包囲、十月には両城とも陥落、河内は三好氏の直轄領国となった。翌月、長慶は芥川城から飯盛城に移り、高屋城には三好義賢を入れて河内一国を支配させた。こうして河内飯盛城は織田信長入京までの約八年間、畿内政治の中心となった。

三好氏が戦国大名化に向かって地歩を固めていたとき、永禄四年に容易ならぬ事態が起きる。それは前の年に河内を征服され、紀州に追い落とされていた畠山高政を中心とする勢力が大同団結し、一丸となって総反撃に転じ、一方、東からは近江守護・六角義賢が洛中をうかがい、これまでにない強力な圧力で東西からのはさみ討ちに直面したことである。

畠山軍には、おそらく新しい武器の鉄砲を装備していたと考えられる根来寺の精鋭が参加、和泉の戦線は反三好方優勢のうちににらみあいが続いた。このいきさつは、すでに触れたが、和泉久米田の合戦で三好方の中心となっていた三好実休が敗死、戦況はにわかに反三好方有利の形勢となった。久米田の戦いは、両軍合わせて二万を越す軍勢が繰り出され、畿内の戦国史上稀に見る激戦であった。京の三好軍は洛中を退却して山城八幡に退いていた。この時の三好方の京防衛軍を指揮していた松永久秀の奮戦は目を見張るものがあった。

河内戦線の帰趨が三好政権の興廃を決すると見た三好側は、全軍を飯盛城を包囲していた紀州軍の攻撃に集中する方針をとり、永禄五年五月、全三好軍数万人が総攻撃に転じ、河内教興寺（八尾市）で畠山軍を撃破し、河泉の反三好派はおおむね壊滅した。

永禄二年（一五五九）、いったん京都支配を放棄した時機を境に、三好長慶は政務への意欲を失い、飯盛城で連歌・茶の湯に明け暮れ〝恍惚の人〟になっていたともいわれる。三好側が久米田の敗戦を盛り返した教興寺の戦いを戦い抜いたのは、執事役の松永久秀を中心とする三好軍であった。河内高屋城には戦死した三好義賢（実休）に代わって三好康長が入って新たに河内の国守となった。この戦勝で、京都の戦況も転じ、一年近く京都を占領していた六角軍は近江に撤退し、三好政権を一時窮地に追い込んだ反三好派の軍事行動も終息した。

紀州畠山軍の中核となったのは根来寺衆《ねごろじ》であった。根来寺は一つの自立した組織で、寺には学問をする人たちもいたし、戦う戦士たちもいた。根来寺の戦士には二つの階層があった。正規軍の組織は「惣分」と呼ばれ、その惣分の下に「足軽」と呼ばれる軍隊がいた。「下法師」とも「小法師」とも呼ばれていた「惣分」は百人以上の僧侶で構成されていた。根来寺には二百に上る僧院があり、山内には二千七百を越える坊舎が建ち並んでいたといわれる。南室院、杉之坊、泉識坊、実相院、吉祥院、筒井坊、遍智院などの僧院が「惣分」であった。このうち杉之坊は小倉（現和歌山市）の津田家、泉識坊は雑賀一揆の指導者であった土橋家が子弟を入れた僧院であった。津田家、土橋家とも上層農民の家だったことから「惣分」のメンバーは村落上層の豊かな家の出身者で構成されていたとみられている。「惣分」のメンバーの出身地は、根来寺に近接する大阪府側の和歌山市と那賀郡に広がっていた。

一方、根来寺の「足軽」の指揮者として確認されている者に材木屋与五郎という人物がいる。与五郎は門前町の町人とされる。寺院の下働きや、寺に物資を納める門前町の町人が根来寺の「足軽」軍を構成していた。「足軽」軍は正規軍とは別個に独自の行動をとることも多かったらしい。戦場の混乱にまぎれて、戦場の村で牛や家財道具を奪う盗賊行為を働くものも少なくなかった。

イエズス会宣教師の報告に次のような文章が残っている。

根来寺は軍隊で、彼らの本務は軍事訓練である。毎日矢を作ることが義務づけられている。日夜、鉄砲と弓矢の訓練をかさね、傭兵《ようへい》として金で雇われて戦争に出かけ、戦場では有利な条件を出す側についた。常に二万人の戦闘員をもち、戦争で多数戦死しても僧院がその欠を補った。

僧侶の数は八千人から一万人で、僧侶には長老や統率者は存在せず、物事を決める時は、意見の一致するまで何度も集会をひらいてきめた。

根来寺衆は三好実休を敗死させた久米田の戦いでは、畠山高政の動員に応じて出陣、三好軍と戦っているが、その後長慶の死後、三好三人衆と松永久秀が戦った戦闘では、畠山高政とともに松永方について大和に出陣している。

●東方の壁、佐々木六角氏

二度にわたり幕府軍に抵抗

ここまで三好・松永勢力にとって、本拠摂津の西南部にあって勢力拡大の大きな壁となった河内・紀州の守護・畠山氏について述べてきたが、一方東の壁となったのは近江の守護・六角氏であった。

六角氏は近江の守護であった佐々木氏から分かれたものである。佐々木氏は鎌倉幕府創業の功臣であった佐々木秀義、その子定綱に発する。定綱の長子廣綱は、後鳥羽上皇が討幕の兵を挙げた承久の乱（承久三年＝一二二一）で上皇側の将となって戦死している。弟の信綱は幕府側について、宇治川の先陣争いで功名を挙げ、戦乱終結後、本家の後を継ぎ、安貞元年（一二二七）近江の地頭職を与えられた。信綱が仁治三年（一二四二）六十二歳で没したとき、長子重綱が大原氏の祖となり、二男高信が高島郡にあって朽木《くつき》氏の祖に、三男泰綱が本家の主となって六角氏を称し、四男氏信は坂田郡にあって京極氏の祖となった。さらに後、本家の泰綱が守護地の愛知《えち》川以南六郡を六角氏に、以北六郡を京極氏の所領とし、佐々木の六角・京極両家の分立はこの時に始まった。六角・京極と名乗ったのは、京都にあった邸宅の場所から来ている。

六角は本家、京極は分家というものの、京極氏は本家と互格の勢いで、応仁・文明の乱のときは、六角高頼は山名派として西軍に属したが、京極氏は東軍について、大乱終結後、有利な地位を確保した。特に山門（叡山）が京極氏に通じて高頼はしばしば苦境に陥ったため、文明末年になっても、幕府・山門に対する旧怨が残り、その不平を晴らすため、所領内にあった山門の食邑《しょくゆう》をはじめ、寺社領や幕府近臣の本領を奪う動きが目立ち、幕府に対する訴訟が後を絶たぬ事態となった。このため将軍義尚は長享元年（一四八七）、自ら大軍を率いて六角征伐に出動、近江坂本に陣した。六角高頼は管領細川政元を頼って謝罪したが、聞き入れられなかった。将軍義尚は高頼の本拠・蒲生郡観音寺城などを攻めた。野洲河原の一戦の後、高頼は観音寺城を自焼して甲賀郡に逃れ、甲賀武士の援助に頼った。義尚は浦上・斯波・朝倉ら諸将の来援を待ち、坂本から進んで栗太《くりた》郡安養寺に陣営を移した。こうして高頼に横領された公卿門跡領を返し、浦上則宗らの諸軍に甲賀谷進入を命じた。高頼は伊勢方面に逃れた。長享元年十二月には、遠く国境を越えて駆逐されたはずの六角高頼勢は義尚が本拠としていた鈎《まがり》の陣の夜襲を行っている。

義尚は元来蒲柳の質で、長享二年になると、度々軍旅に病んだ。高頼は伊賀・甲賀の武士を糾合して、幕軍の甲賀撤退を待ち、大挙入国の勢いを見せた。義尚の陣中生活は、風流に溺れ、和歌の会や連歌の会、観能の会に明け暮れ、将軍は食事を摂らず、ただ水と酒ばかり飲む有様で、滞陣三年目の延徳元年（一四八九）三月に二十五歳で陣中に没した。諸将遺柩を奉じて京に還り、六角高頼征伐の挙は失敗に終わった。

義尚の後は、将軍義政の弟義視の子、義材《よしき》（後に義尹《よしただ》、義稙《よしたね》）が十代将軍職を嗣いだ。管領の細川政元は意中の足利政知の子、後の義澄を立てようとしたが、義材はこれを押さえて将軍職を嗣いだ。前将軍の六角征伐は途上の凶変でうやむやに終わっていたため、幕府としてはなんとか決まりをつけなければならない。このため延徳元年、六角高頼に対して、その罪を許すとともに押領していた土地を返還させようとしたが、高頼の部下がこれを聞かず、高頼は神崎郡山上に逃れた。近江守護職は一時将軍反対派の管領・細川政元に兼任されたが、六角高頼の所領押領は後を絶たず、義材は意を決して六角再征を敢行した。

延徳三年四月、将軍は諸国の将士を召し、細川政元を先陣として進軍、六角高頼は形勢が切迫すると、早々と城を捨てて、またも甲賀郡に奔った。しかし義材の進軍とともに守護細川政元の代官・安富元家らが急に職を辞して京に還った。これは元来将軍に反対の政元の代官として、その行動がしばしば将軍義材の不快を買っていたためであった。一方、六角高頼も幕府軍の大進撃を前に甲賀郡にも居たたまれず、伊勢に落ち延びたが、伊勢守護の北畠材親の兵が、六角の部下を捕えて、幕府に注進した。この年十二月、近江はあらかた鎮定したというので、義材はひとまず京に凱旋した。近江の処置としては、守護職は六角高頼の兄、満綱の孫、六角政高の猶子・虎千代を任命した。こうして幕府の再征はいったん落着したが、国を追われたはずの六角高頼軍はたちまち出没して乱暴、形勢急変して近江国内はますます紛糾するに至った。

将軍二代にわたる近江征伐は、一時的には六角高頼の横暴を止めたが、いたずらに幕府の不統一を曝らした。六角氏の武力は、結果から見ると幕府軍を撃退したことになった。その原動力となったのは、伊賀・甲賀忍法で名を売った甲賀武士であった。甲賀五十三家といわれる甲賀の土豪たちは、甲賀郡の自治制を条件に、長い佐々木氏の治政の間、佐々木氏の家人として臣従した。甲賀の郷士たちは山岳ゲリラの名手、夜襲・奇襲の達人であった。

近江の国は日本のほぼ中央にあり、関西・関東を連絡する幹線道路の東海道、中山道と北陸道の合流地でもある。この地域は北方は越前・若狭、東方は美濃・伊勢、南に伊賀、南から西にかけては山城、そしてわずかに丹波に接し、四方が山で内懐に日本一の湖・琵琶湖をかかえている。日本各地との繋がりが深く、後に近江商人を生んだ交通の要衝である。

先に延徳の六角再征に表面上一通りの成果を収めて京に凱旋した将軍義材であったが、明応二年（一四九三）、畠山義豊討伐のため軍を河内誉田《こんだ》城に進めていたとき、管領細川政元が京にあって、義材将軍を廃立し、足利政知の子清晃を立て、義高（後に義澄）と称し、義材を洛西龍安寺に幽閉した。これは足利幕府の実権が細川氏に移る先例となり、義材（義稙）から義澄・義稙（両任）・義晴・義輝・義栄・義昭と七代にわたる将軍は、実力を伴わない虚名だけの将軍となった。そしてこの間、絶えざる政変で歴代将軍は、始終近江の辺地に亡命する事態となった。

義材は越中、越前に逃れ、御教書を諸国の将士に送って、将軍職を回復しようと謀った。明応八年（一四九九）十一月、兵を率いて近江坂本に入り、山門に援けを求めて京を衝こうとしたが、六角高頼の襲撃を受けて大敗して河内に走った。六角高頼の襲撃は、延徳の将軍再征への旧怨からであろう。義材はさらに周防の大内氏を頼った。この頃、名を義尹《よしただ》と改めている。周防にあること九年、永正四年（一五〇七）に管領細川政元が家臣に殺されたのを機に十二月、大内義興に奉ぜられて入京の途についた。細川政元に担がれていた将軍義澄は翌年、近江に落ち、九里《くのり》氏の居城岡山城に入った。

大内氏の兵力を背景に入京した義尹は将軍職に復し、名をさらに義稙《よしたね》と改めた。大内義興が管領となり細川高国も大内氏の下で幕政に参画した。幕府軍は永正七年二月、岡山城を攻囲した。城兵の必死の防戦で細川高国を総大将とする京軍は大敗した。翌年、前将軍義澄は六角高頼が義稙の誘いに応じて幕府に通じていることを知り、播磨に移って赤松義村を頼った。義澄はこの年八月、再び岡山城に入ったが、ここで急病を得て死去している。永正八年七月、阿波に走って再起を準備していた細川澄元が赤松義村の兵を合わせて摂津に迫った。

将軍義稙は丹波に逃れ、船岡山の合戦となり、大内義興軍の奮戦で、阿波勢は敗走した。義稙はまた還京したが、大内義興・細川高国と不和となり、永正十年、近江に出奔、甲賀山中に入った。義興が人を派して将軍帰京を促し、義稙は七カ条の条件を出して和談が成立、翌十一年四月、帰還したが、実権は大内義興の手中にあった。

その義興が莫大な財政支出に堪えられず、永正十五年、ついに帰国の途についた。この機に、阿波の守護・細川澄元は再挙して、細川高国と相争うようになった。この頃から細川澄元の代官・三好之長が中央政治に登場、以後、孫の元長、その子長慶と、三代にわたって三好氏が京の舞台に登場する。

永正十七年、澄元は高国と合戦して、いったん近江に追い、高国は六角高頼を頼った。高国はこの年五月、近江・美濃・越前三国の兵を集めて京を攻め、澄元側は三好之長らが防戦したが、敵する能わず、之長は自ら生命を絶った。澄元は阿波に帰陣して病死した。

澄元の跡を継いだのが、その子晴元であった。以後、晴元と六角氏の協力、さらに三好長慶・松永久秀の京支配についてはすでに述べた。

●信長の危機を救った久秀

ここで南近江の支配者六角氏と並んで、北近江の支配権を握っていた京極氏の行方をふり返ってみよう。十四代の政経の代になって、一族の高清との間に家督をめぐって内紛が起きた。高清は政経の弟であったとも、嫡流であった政経の兄勝秀の孫であったともいわれる。政経は十代将軍足利義材《よしき》（後に義稙《よしたね》）派であった。明応二年（一四九三）、義材が細川政元に逐われた足利幕府内のごたごたのあおりで、家督をはずされ、高清が後を継いだ。

京極高清は京都で生活することが多く、老臣の上坂家信が支配権を握っていたが、専横が目立ち、国人衆の浅見貞則・三田村忠政・今井越前・浅井亮政《あざいすけまさ》らが浅見氏の居城である尾上城に立て籠った。国人一揆である。この時のリーダーは浅見貞則であったが、一揆の一人、浅井亮政が小谷城を築城して急速に力をつけていき、浅見貞則の専横に不満を持った国人たちの中心となって新国人一揆が成立、浅見貞則は失脚した。こうして江北の支配権は京極氏から浅井氏に移った。浅井氏は亮政―久政―長政と続く三代の間に、北近江を制し、戦国大名に成長していった。

亮政はしばしば南近江の六角氏と戦った。六角氏はこの頃定頼の時代で、定頼は江北で頭角をあらわしてきた浅井亮政の勢力が強大になる前に亮政を倒せば、近江一国の領国支配が可能になると見込んだのであろう。定頼は大永五年（一五二五）、江北に出陣し、亮政は敗れて越前の朝倉氏を頼って落ちていった。しかし、いったん越前に落ちた亮政は翌六年には江北に復帰している。その後も亮政はしばしば六角定頼に攻められているが、江北の国人たちは、外敵の六角氏が江北に侵攻してきた事態に危機感を抱き、六角氏に対抗するためには、一体となって対応しなければならないと、亮政を中心に結束を固めた。

亮政は天文三年（一五三四）八月、北近江の守護家であった京極高清・高延（後高広）父子を小谷城に招いて手厚い饗応をしている。このことは浅井氏の地位を京極氏に公認させ、江北の国人たちの中で一段格上のリーダーであることを認めさせることとなった。

その亮政は天文十一年に没した。跡を継いだのは久政である。久政は軍事力、武略の面では父亮政に劣ったといわれるが、行政面ではすぐれた力量を発揮、他の国人領主から一段上の戦国大名としての地位を固めた。久政と六角義賢（後の承禎）との間で天文二十一年十一月、地頭山の合戦があり、久政側が大敗、翌二十二年十一月両者の間で講和が成立したが、久政が六角氏に従属する主従関係に近い講和であった。永禄二年（一五五九）ごろ、久政の嫡子賢政は、六角義賢の名を一字もらって賢政を名乗り、六角義賢の重臣・平井定武の娘を嫁とした。浅井氏が六角氏の重臣と同等の扱いをうけていたことを示すことになる。

浅井久政は六角義賢との間に従属的な講和を結んで、江北では国人層の間で一段高い領主的な立場を固めてきたが、永禄三年、突然、隠居させられ、後を子の賢政（後に長政）が継ぐことになった。久政のとってきた六角氏との従属路線を潔く思わない浅井氏の重臣たちが賢政をまつり上げたといわれている。久政隠居と前後して賢政は妻の六角氏の重臣平井加賀守の娘を離婚して送り返している。同時にまた六角義賢から一字もらった賢政の名を長政と改めている。父の久政の六角氏従属路線から対決路線に踏み出したといえよう。

六角承禎（義賢）は永禄三年（一五六〇）、浅井方に寝返った肥田城の高野瀬秀隆を攻め、野良田（彦根市野良田町）の合戦となった。浅井方は四千人、六角軍は一万の兵を動員して、両軍とも全力をあげての攻防となった。この戦いで浅井軍は軍勢では大きく上回る六角軍を打ち破った。六角方の犠牲者は九百二十人、浅井方も四百人の犠牲を出した激戦であった。亮政以来戦うたびに六角氏に敗れていた浅井氏が、この戦いで初めて討ち勝った。浅井氏にとって画期的な合戦であった。以後、北近江の城は残らず浅井氏の下知に従うことになり、浅井氏は六角氏の〝保護国〟から脱して戦国大名として自立した。

永禄四年、六角承禎は細川晴元と紀伊の畠山高政と示しあわせて京に大軍を上らせ、三好長慶軍を京から逐っている。三好軍の実質的指揮を取っていたのは松永久秀であった。ここで六角氏の内紛が起きた。『長享年後畿内兵乱記』によると、永禄六年十月、六角承禎の子、義弼が重臣の後藤賢豊父子三人を殺害する事件が起きた。後藤氏と親しかった家臣たちが観音寺城の屋敷に火をかけ、いずれも自分の所領に引き揚げた。騒動は収まらず、揚げ句に義弼が本拠の観音寺城を捨てて逃げ出し、義弼の父承禎も甲賀にある三雲氏の館に落ちていく始末であった。この時、すかさず浅井長政が出陣し、六角方の国人の永田氏、三上氏らが呼応した。六角方も内紛は浅井氏を利するだけだと、重臣の蒲生定秀らが奔走し、後藤賢豊の子で幼かった喜三郎を跡取りとして後藤氏を存続させることで騒動は終息した。この観音寺騒動で、六角氏と浅井氏の力関係が逆転し、浅井氏が江南に進攻を繰り返すようになった。

こうした中で、当時今川義元を破り、京を目指していた織田信長と浅井長政がにわかに接近、永禄十年ごろ、信長の妹のお市の方が浅井長政に輿入れし、織田・浅井同盟が成立する。

お市の方が浅井長政に嫁いでまもなく、朝倉義景を頼って越前に身を寄せていた足利義昭が、朝倉義景を見限り信長を頼ってきた。義昭が美濃の立政寺に入って信長に会見したのは永禄十一年七月であった。信長は八月七日、佐和山城に入り、この時、浅井長政は摺針峠で信長と対面、十一日には総勢四万とも六万ともいわれる織田勢が近江に侵攻、十二日から六角氏との戦いが始まった。織田勢は六角氏の支城である箕作城（滋賀県神崎郡五箇荘町山本）と和田山城（同町和田）を攻めた。箕作城は激戦の末陥落させ、和田山城では攻める前に城兵が一人残らず逃亡した。二つの城の陥落で本城の観音寺城の六角承禎・義弼父子は勝ち目がないと、城を捨てて甲賀郡へ敗走した。

長年、三好・松永勢にとって東方の壁となっていた六角氏は、こうして圧倒的な織田軍の侵攻であっけなく崩壊していった。信長はこの年九月、足利義昭を奉じて入京、三好三人衆と抗争を続けていた松永久秀は、信長軍の強大な勢力を見て、人質を入れて信長に従った。

元亀元年（一五七〇）、織田信長の軍勢が若狭・越前に侵攻、朝倉方の支城である手筒山城（敦賀市天筒《てづつ》）と金ヶ崎城（同市金ケ崎）を攻めた。信長は傘下の軍勢のほか、同盟軍の徳川家康軍を引きつれての北国攻めであった。この時、松永久秀も、軍勢の数はわからないが、自ら北国攻めに加わっていた。信長が手筒山・金ヶ崎両城の陥落に気をよくし、その勢いで越前に乱入しようとしたまさにその時、「浅井長政謀反」の報が届いた。『信長公記』（太田牛一著）はこう書いている。

木目峠を越えて、越前に乱入しようとしていた時、江北浅井長政反覆と、追々注進が入った。しかし「浅井は織田家の縁者であるうえ、江北一円の統治を任されているのであるから、不足のあろうはずはない。虚説であろう」と信長は考えた。

とある。信長が、

「よもや浅井長政が背くはずはない。朝倉方が織田方を撹乱させるために流したニセ情報だろう」

と思ったとしても不思議はない。しかし長政謀叛は謀略ではないことが次第に明らかになった。信長自身は、

「せっかくここまで攻め込んだのに」

と未練はあったらしい。朝倉方の史料『朝倉始末記』によると、この時信長に向かって、

「手筒山と金ヶ崎の二つの城を落したことで面目は保たれたのだから、すぐ兵を京に戻した方がよい」

と諫言《かんげん》したのは、陣中にいた松永久秀であったという。『総見記』にも同じことが書かれているので、まちがいのないところであろう。このまま撤退を遅らせていれば織田軍の運命はどうなっていたかわからない。朝倉・浅井の挟み討ちに遭っていたことは明らかである。戦いは攻めるよりも、退く時が難しいといわれる。数多い敗戦、苦戦の経験を持つ松永久秀でなければ信長を説得することができなかったかもしれない。久秀は天文二十二年（一五五三）、三好長慶とともに丹波の八上城を攻めたとき、長慶側と見られていた長慶の妹婿の芥川孫十郎ら国人衆が八上城の波多野方に味方して腹背に敵を受けたことがある。長慶・久秀は有馬重則からの内報で謀略を知り、急遽八上城の包囲を解いて摂津に引き返している。信長軍は急ぎ兵を撤退させることになり、木下藤吉郎秀吉が金ヶ崎城に拠って朝倉勢の追撃を支え、藤吉郎自身も無事退却することに成功した。史上に名高い「金ヶ崎の退き口」である。

この時、すでに述べたように松永久秀は朽木谷経由の退却路を確保するため、六角氏や京極氏と同じ近江佐々木氏の一族である朽木元綱説得のため身を挺して朽木谷に向かい、元綱説得に成功して、織田軍の撤退の道筋をつけ、信長は無事京に帰還することができた。

織田軍の北国侵攻に参加した久秀は、浅井氏の離反で窮地に立った織田信長を救ったのである。この久秀の行動は、殿《しんがり》軍をつとめた木下藤吉郎秀吉の功績に勝るとも劣らない。信長も、その時の久秀への恩義を強く感じていたに違いない。後に久秀は、武田信玄の京をめざす軍事行動の時と、上杉謙信の同じように京をめざした進軍にあわせて二度、信長に背いたが、一度目は多聞山城を信長に明け渡して許され、二度目も信長としては珍しく、軍使を派遣して翻意を促し、信貴山城の落城間際にも、

「名物茶器・平蜘蛛の釜を渡せば、一命は助けよう」

と言わせている。信長は北国撤退のときに久秀に助けられた記憶が強く残っていて、久秀を討ち果たすのをためらったのではなかろうか。

第八章　阿波三好氏の衰運

管領の細川晴元との抗争に打ち勝ち、晴元と、将軍足利義晴、義輝を京から追い出して畿内一円と四国を勢力下に治めた三好氏であったが、その活動を裏で支えたのは、本国阿波の三好衆であった。松永久秀とは直接関わりはないが、阿波の守護・細川持隆が、守護代の三好実休に討たれて以後、阿波の三好衆の結束に乱れが生ずることとなり、三好一族は衰退の道を歩むこととなった。ここで『三好記』『三好家成立之事』を中心に阿波の三好家の内情に目を向けてみよう。

●久米の乱

細川讃岐守持隆は勝瑞城に在城して〝阿波の屋形〟と呼ばれていた。天文二十二年（一五五三）八月、家臣の三好義賢（実休）の兵に囲まれて自害した。この時、細川家の武士の大部分は実休の勢威を恐れて実休に従った中に、持隆の家臣で芝原に住む久米安芸守義広という武士がいた。久米義広は実休の聟であったが、主君が討たれた遺恨を忘れ得ず、かねて心を分かちあった友人たちとひそかに相談、佐野丹波守、野田内蔵助、仁木日向守、小倉佐助らと、主君の恨みに報いようと誓いあった。小倉佐助が実休のいる勝瑞城の様子を見に行くと、警護の若侍がわずかに二十数人、台所に人夫たちが数十人いるだけで、とても合戦の役には立ちそうにない。攻め寄せて実休の命を取るのは思いのままと、帰って報告した。しかし壁に耳あり、どう伝え聞いたのか、亡くなった持隆ゆかりの侍たち、あるいは代々恩義を受けた者たちが、縁者をつれて、五騎・十騎、二十騎、三十騎と馳せ参じて、その日の暮には二千余騎が芝原に集まった。一方、実休方も噂を聞きつけ、馬廻りの侍たちや寄騎の者たちがきびしく周囲を固め、二千余騎が集まった。芝原と勝瑞の間は一里ほどしかない。久米安芸守方は、まず一宮長門守方に夜討ちをかけた。一宮長門守は実休の妹聟で、下屋敷を厳しく固めていたが、久米側は門戸を打ち破って乱入した。敵が思いがけない大軍なのを見て、長門守は裏口から、ぬけ道伝いに落ちていった。

久米方は、長門守の妻女を人質に取って、いったんは陣所に引き揚げた。三好実休はこれを聞いて、これはただ事ではないと、急いで淡路の弟・安宅冬康に応援を求めた。淡路から野口肥前守を大将に千余騎が、すぐさま渡海してきた。このほか阿波の国人たちにも早馬を立てて応援を要請したので、その日のうちに合わせて二千余騎の支援部隊が集まり、実休側、久米側は吉野川支流の鮎喰《あくい》川をはさんで対陣した。実休側の兵は本隊と支援部隊をあわせて四千騎、久米方はおよそその半数、小勢と見て、実休側は鬨《とき》の声をあげて突きかかった。久米方二千余の兵はいずれも一騎当千の勇士で、主君のために命は惜しくないと心に決めた侍たちである。獅子奮迅の勢いで四方八方へ切って回り、実休側、久米側双方とも半数近い兵が討ち死にし、残りの半数も手負いとなった。

ここで久米安芸守が最初に挙兵の相談をした中の一人、野田内蔵助が敵前に進み出て、

「われは累《るい》年恩愛の主君を忘れることができず、ただ今一命を捧げたい。志ある兵達、陣中にあらば出合い給え、三途の川まで伴ない申さん」

と、大声をあげた。実休方淡路勢の大将、野口肥前守は、かねてから勇名とどろく侍で、すぐさまこれに応えて、

「野田殿の豪雄は日ごろから承っている。われは小兵ではあるが、わが太刀を受けられよ」

と、一騎討ちとなった。二打三打太刀を交わした後、むずと組み合い、上になり、下になりするところへ、実休方の、奥野新左衛門という侍が走り寄って、野田内蔵助を討とうとして太刀を打ちおろしたところ、誤って野口肥前守の右腕を打ち落としてしまった。野田も野口も類のない勇士であったので、ともに刺し違えて死んだ。

久米安芸守義広は、頼りにしていた勇士たちが枕を並べて討ち死にしたので、大声はりあ

げて、

「細川の家に育って、年久しき久米安芸守義広ここにあり。主君のために今一命を捧げん。我と思わん侍、陣中にあらば、わが首を取って手柄にせよ」

と呼ばわって、二百騎ばかり控えている敵中に走り寄った。二百の軍勢も、その勢いに押されて引き下がった。義広は周囲の敵を思うさま切り伏せ、

「いまは悪念を残さず」

と、小高い所に駆け上り、腹十文字にかき切って死んだ。結局、久米側は一兵も残さず討ち死にした。

元長の時代から、一族結束して事にあたってきた阿波の三好衆は、この久米の乱以後、何かと内部抗争が目立つようになる。

●大形殿《おおがた》と紫雲の乱

三好実休に討たれた〝阿波の屋形〟細川持隆に仕えた若上臈《じょうろう》に小少将と呼ばれる女性がいた。岡本美作守の娘だったが、容姿人に優れ、持隆が自刃した後、実休の招きに応じてその局となり、男子二人、女子一人を生み落とした。嫡子は彦次郎、名乗りは長治、二男は存《あり》保《やす》といい、小少将の局は大形殿《おおがた》と呼ばれた。

その三好実休が永禄五年（一五六二）の久米田の陣で没した後、大形殿は木津城主の篠原肥前守自遁に思いを寄せ、忍び逢う仲となった。たちまち評判が立って、

大形の心を空に篠原やみだりにたちし名こそ惜しけれ

と落首の立て札が立てられる有様であった。かねて自遁と隠しごとのない間柄だった篠原長房（入道紫雲）は、ひそかに自遁に、

「亡君に無礼となることは、思い止まってほしい」

と、諌めた。しかし自遁の煩悩は家の飼い犬に似て、打てども去らぬ有様であった。おまけに誰が告げ口したのか、このことが大形殿の耳に入り、

「無礼な言いざま、上を敬うところがない。口さがない噂も、きっと紫雲が大もとであろう」

と、紫雲にさまざまな難題をふっかけてきた。これでは忠言も益ないことであったと、紫雲が知行地の上桜の城に引き籠ったところ、大形殿は嫡子の長治に命じて紫雲を除こうとした。長治はやむなく、

「紫雲は上桜の城に立て籠って謀叛を企てているとか。その罪状は決して軽くない。これを見捨てておけば大逆のもととなる」

と、元亀三年（一五七二）五月、森飛騨守、井澤右近大輔を大将とし、紀伊の国から鉄砲

衆三千を呼び寄せ、阿波・淡路両国の軍兵七千余騎を出陣させ、上桜の城に押し寄せた。

上桜の城というのは、峰高く、道細く、山険しくて滑りやすい苔がびっしり生えているので、大軍勢が攻めても、すぐには落ちそうにない。紫雲はよく防いだが、城内糧食尽き、頼むべき味方もなく、十八歳になる長男を呼び、

「明日の戦にともに死んで、父子の恩愛を遂げよう」

と、涙を押さえて告げた。明けて七月十六日、朝霧の晴れ行くのにあわせて城に火をかけ、西の門から父子ともども切って出で、一緒に討ち死にした。残っていた城兵百余人も、いまが死に時と、全員が大勢の敵中に討って入り、奮戦して死んだ。これが紫雲の乱である。

篠原紫雲（右京進長房）は、天文十五年（一五四六）ごろから三好義賢（実休）に仕えて重用された。義賢が兄長慶の畿内制覇に協力して、兵站基地阿波から、兵力を率いて兵庫あるいは堺に上陸した時、必ず、長房の姿があった。永禄五年（一五六二）久米田の敗戦で義賢が討ち死にしたときの三好軍の先鋒は篠原長房であった。以後、長房は阿波三好氏の執事として、義賢の嫡男、長治を補佐して阿波の内政の柱となった。

永禄七年、三好長慶が病死して後、阿波勝瑞城にあって長治を補佐していた篠原長房は直ちに上洛して、松永久秀や三好家の長老たちと相談し長慶の養子重存（義継）幼少のため長慶の喪を三年間秘匿し、松永久秀と三人衆の三好長逸（日向守、之長の末子）、三好政康

（下野守、之長の末弟、宗三の嫡子）、石成友道《いわなり》（主税助）が義継を補佐するよう定めて、自らは阿波に帰って長治を補佐することになった。篠原長房が阿波の内政を統括していた時期、約十年間は阿波・讃岐・淡路三カ国はよく治まっていた。しかし紫雲の乱で長房が滅んで以後、三好長治の内政は掌を返すように乱脈となって、内部紛争が甚だしくなり、往年のような阿波一国の結束は雲散霧消した。

特筆すべき篠原長房の功業は、幼主長治を補佐するために制定した新加制式と呼ばれる分国法である。二十二条からなるこの法は、義賢亡き後の阿波、讃岐、淡路三カ国の内政を安定するのに大きな力を発揮した。紫雲（駟雲）という法号は、いつから名乗るようになったか、明らかではないが、主君義賢の討ち死に以後のことであろう。『阿州古戦記』によると、紫雲の乱の敵味方の死者三千余とあり、阿波で起きた戦いの中でも最も激しい戦闘の一つであった。

●酒におぼれた三好長治

三好実休が久米田の陣に没した後、阿波の実権を引き継いだのは嫡男の長治であった。しかし長治は、篠原紫雲長房が執事の職を去って以後、三好家の武威を誇って、政を顧みず、酒宴を好み、人々のあざけりを他所に、民の困窮を思わず、日夜遊楽をこととした。身近にはべる山井図書亮《ずしょのすけ》、篠原玄蕃正《かみ》、多田津修理亮、藍川友大夫といった面々は、大盃で何百盃ついでも酔うことを知らぬ大酒飲みで、山海の肴《さかな》、名酒を集め、今様など歌わせて明けるを知らず、暮もわきまえない有様であった。

こうした事態のなかで、阿波屋形の細川掃部頭真之《かもんのかみさねゆき》が、三好長治の様々な無礼に遺恨浅からず、勝瑞城を忍び出て、福浦出羽守を頼り、伊井谷に落ちていった。掃部頭は実休に討たれた細川持隆の子で、母は三好長治と同じ大形殿という間柄である。出羽守はかいがいしく世話をし、里近い所は人目につきやすいからと、仁宇山の奥に要害の御座所をこしらえ、細川家に縁の深い大栗右近、服部因幡守そのほか忠義の侍たちを数多《あまた》招き寄せ、警戒に当たらせた。長治がこれを聞きつけ、不安を憶え、翌天正五年（一五七七）三月、出馬して、荒田、野口に陣を構えた。しかし仁宇山は難所とあってはかばかしく押し寄せることもできない。この時、一宮成助、伊沢越前守頼俊が大将となって軍勢を出し、細川真之の味方をして勝瑞城の後方に陣を張った。前後が敵となって勝瑞勢は危険を感じ、長治は篠原玄蕃正の今切城まで引き退いた。伊沢越前守が細川方に加担したのは、伯父の瀧宮《たきのみや》豊後守の下人と篠原玄蕃正の下人が口論したことがあり、このことが長治の耳に入ったが、長治はいつも酒宴の席に連なる玄蕃正の肩を持った。以後、瀧宮豊後守は長治に遺恨を抱き、伊沢越前守も同じ遺恨を持つに至った。一方、一宮成助は、その甥早淵主馬に加増あるはずのところ、篠原玄蕃正の讒言《ざんげん》で加増されなかったことがあり、成助もともに遺恨を持つことになったという。

長治は、いったん今切の城に入って、篠原玄蕃正と内談し、再び大軍で仁宇山に押し寄せようと相談しているところへ、逆に細川真之を大将に一宮成助、伊沢頼俊、吉井左衛門大輔行康、多田筑前守元次らが二千余騎で今切の篠原玄蕃正の城に押し寄せて来た。篠原玄蕃正はかなわずと見て家来の郡勘助の宿舎に落ちていったが、勘介は玄蕃正を浅い古井戸の中に隠し、敵方に注進して玄蕃正を敵の手に渡し、玄蕃正は頼む甲斐もなく殺された。

長治もこれはかなわぬと、土佐泊に住む森志摩守を頼り、淡路へ脱出しようとして、急ぎ船を助任《すけとう》の川に回すよう命じた。船は直ちに回されたが、長治の運が尽きたのであろうか、弥生の雨の名残りであたりが霞み、暗い夜のこととて見通しが全く効かない。船は加子山《すいしゅ》と間違えて、佐古の山もとに乗り入れ、助任の川に入らず、長治を待った。長治は夜中に今切の城を出て、助任の川をここかしこ上り下りして船を捜したが、見当たらない。ようやく夜も明けたので、別宮に行き、里長《さとおさ》に渡海したいので急ぎ船を出してほしいと頼んだところ、こっそり敵方に通報されてしまった。一宮成助、伊沢越前守を大将とする二千余騎が、すぐさま駆けつけ、長治の宿所を二重三重に取り囲み、長治は今はこれまでと天正五年三月二十八日、自害して果てた。姫田佐渡守が介錯し、その刀をわが胸に突き立てて、冥途までお供した。

長治は三好家が先祖代々受け継いできた禅宗に代えて、日蓮宗に宗旨変えしていたので、本行寺の日応上人が、長治の討ち死にを聞き、遺体を荼毘《だび》に付し、跡を弔おうとして、弟子の学円坊と円周に僕《しもべ》二、三人をつけて舟で遺骸を取りに派遣した。ところが、禅宗の龍音寺でも、三好家は先祖代々禅宗の檀家だから、この寺に葬りたいと、宇蔵主と益蔵主が急いで別宮にやってきた。ちょうど本行寺の学円坊と円周が僕たちといっしょに長治の遺体を舟に乗せようとするところだった。宇蔵主は腕力の強い僧であったので、走りかかって本行寺の僕たちの上帯に手をかけて、波打際の小石原に打ち投げた。学円坊も円周も近づくこともできないでいると、龍音寺の宇蔵主は、遺骸を奪い取って、自分の舟に移し、勝瑞に帰って、荼毘に付し、本行寺に納めた。三好家の衰退を象徴するあさましい出来事であった。

三好長治が別宮で自害して阿波の守護職がいなくなったので、老臣たちが相談して、堺の警護に当たっていた実休の次男で、十河家養子の十河存保《まさやす》を阿波に呼び戻すことになった。存保は二百人ばかりの侍をつれて淡路を経て天正六年（一五七八）正月、阿波の国の撫養《むや》に着いた。ここで篠原肥前入道自遁が登場する。大形殿と浮名を流した木津城主である。「ひと合戦したうえでないと、勝瑞の城にはお入れできません」と言う。一宮成助、伊沢頼俊が主人長治に背いたことでも見られるように、三好一門の武士たちは、勝手な野心を胸に争いを繰り返すことが日常化していた。存保は篠原自遁の申し入れに応じて、戦支度を始める。

撫養のそばに大代掃部助《かもんのすけ》という人物が住んでいた。大代の住居はなかなかの要害だったので、ここを存保の陣所にしようと、十河伊左衛門、同菊助、久保佐助の三人が大代方に行き、存保に味方するよう説得した。大代は「わかりました」と言いながら、弟三四郎と裏から抜け出ようとした。十河伊左衛門と菊助がこれを見つけ、大代兄弟を人質にとり、存保を迎え入れた。この大代は篠原自遁の妹聟であったので、自遁方から和議の申し入れがあり、合戦にはならず、存保は無事勝瑞の城に入城することができた。

●土佐勢、阿波に侵入

土佐に興った長宗我部元親は、初めは五台山吸江庵の寺奉行という低い身分から台頭し、有力な本山氏や安芸氏をつぎつぎに倒して、土佐一国を統一し、四国全域の支配をめざしていた。典型的な戦国大名である。こうした元親に最大の敵は、いうまでもなく阿波の三好氏であった。その元親にとって三好氏の内部抗争の激化は阿波侵入の絶好の機会を与えた。三好長治と対立を激化していた細川真之や一宮成助から元親に支援要請があり、元親に阿波突入のこの上ない大義名分となった。

さて、阿波三好家の乱れに乗じて、天正十年八月二十七日、土佐の長宗我部内記亮元親の軍勢が阿波三好氏の本拠勝瑞城に押し寄せた。元親は二万の兵力を二分して、一手は弟の長宗我部親泰に南方の海沿いから、一方は甥の長宗我部新右衛門尉親吉に西方から大挙して進入させ、本陣を名西《みょうさい》郡井戸寺（現徳島市）に置いて、元親自ら勝瑞城攻撃を陣頭指揮した。

十河存保は五千余騎で矢上城（徳島県板野郡藍住町）に拠り、先陣二千で中富川（旧吉野川）に打ち出し、土佐勢も同時に川を渡って入り乱れて戦った。三好勢は家老の矢野伯耆守虎村はじめ名のある勇士三百余騎が討死した。存保も自決しようとしたが、家臣に止められて勝瑞城に引き取った。勝瑞城は方十二丁で、堀もなく、一重の塀だけの小城だが、大軍を恐れる気色もなく防ぎ戦った。九月五日夜になって吉野川一帯に洪水が起き、土佐勢は仕方なく家の屋根に上ったり、木に上って難を避けた。逃げ遅れて溺れ死んだり、流されて行方知れずになった者も数知れない有様となった。勝瑞勢は舟に乗って、梢に上ったり、民家の屋根に上ったりしている土佐勢を討った。元親はここで力攻めを止め、和議を申し入れた。存保も、これまでの戦いから土佐勢に抵抗するのもこれまで、と和議に応じた。存保は有力な武将たちを失って戦力がなくなった事実を認め、勝瑞の城を開けて、讃岐の虎丸城に退いた。ここで阿波一国は元親の領国となった。

阿波と土佐の奮闘は数多い激戦と悲話を残して長宗我部元親の勝利で終わったが、今も県民の間に語り伝えられる悲劇の一つに新開道善の最期をめぐる伝承がある。新開道善は平忠之を名乗り、遠江守を称していた。阿波南方の牛岐城（徳島県阿南市富岡城）の城主で、南北朝の頃から細川氏の有力な被官となっていた。三好義賢（実休）が守護の細川持隆を討って後、義賢と主従の関係を結び、義賢の女婿となって三好家の領国支配の一端を担っていた。天正三年（一五七五）から阿波への侵攻を開始した長宗我部元親は、次々に三好方の諸城を陥落させたが、根強い抵抗を繰り返していたのが、牛岐城主の新開道善であった。天正七年に元親は牛岐城を陥れ、道善はその軍門に降った。元親に降伏した道善は、勝瑞の三好氏とは、その後もひそかに連絡を続けていたらしい。天正十年九月に勝瑞城の陥落後、元親は道善を討とうとして、名代の久松彦四郎親秋を丈六寺に遣わした。彦四郎は道善に使をやって、

「元親天道に叶って勝利を得たとはいえ、四国全域を手に入れるには、諸将の忠節に負うところが多い。このため諸将の忠節に応じて所領を加増したいと考えている。親秋はそのために遣わされたので、当方へお越し下され」

と伝えた。道善がすぐさま寺にかけつけると、彦四郎は、

「このたびの恩賞で、道善殿には勝浦郡が加増されるだろう」

と言う。道善は喜んで酒杯を数度やりとりした後、退出した。彦四郎が送りに出たが、そこでかねての申し合わせ通り横山源兵衛という侍が道善を討ち果たした。道善の家来の松田新兵衛が道善の刀をあずかっていたが、その刀で源兵衛を討ち取り、源兵衛の甥の横山八兵衛が槍で新兵衛を突いた。新兵衛は槍の柄をたぐって八兵衛に深傷を負わせたが、居あわせ

た侍たちがかけ寄って新兵衛も討ち取った。

いま一人の細川氏の有力被官、一宮長門守成助も、弟の一宮主計らとともに、相談したいことがあるから、と呼び寄せられて討ち取られている。道善の嫡子・新開式部少輔、道善の聟の新開右近や桑野河内守、野田采女、川南駿河守といった目ぼしい細川家の被官とその一族たちも、同じように適当な口実で呼び寄せられて討ち取られ、やがて四国はことごとく元親の所領となった。

第九章　揺れ動いた足利十五代

●下剋上は果たして悪か？

下剋上の代表とされる松永久秀だが、同じように、代表格の一人とされるのが、久秀の主君・三好長慶である。

では、下剋上とはいったい何を意味するのだろうか。下位の者が上位の者を打倒して、実権を掌握するのが下剋上である。それはむしろ歴史を発展させる重要な要素であり、西洋や中国では、歴史そのものが下剋上の経過の記録ともいえないだろうか。ところが、日本史で下剋上といえば、足利末期から戦国時代にかけて、戦国大名が台頭していく過程を指し、下剋上という言葉の中に、何か不道徳を裏に抱えているような響きを持っているのはなぜだろうか。

下剋上の嵐が日本列島を吹き荒れたのは、応仁の乱がきっかけであった。足利幕府の弱体化の中で、実力者の管領・細川勝元と四職《しき》筆頭の山名持豊が争い、全国の守護大名たちが二つに分かれ、京都を中心に十一年にわたって争乱を繰り返した。各地の守護が都に上って争っている間に、領国を預っている守護代が実力をつけて、守護権力を打倒していったのが下剋上の社会的背景である。織田氏も、毛利氏もそのような経過の中で台頭していった。

阿波の支配者としての歴史は細川氏より三好氏のほうが百年以上も古い。歴史が古いだけ、三好氏の一族は阿波はもとより、讃岐、伊予各地に大きく広がっていた。長慶の曽祖父・之長から父・元長の時代になって一族が結束を強めていくなかで、細川氏が実質的な権力を失っていったのは、やむを得ない必然であった。それを下剋上と決めつけるのは、歴史の流れを無視しているともいえようか。

松永久秀は三好家のような筋目はないが、当初は主家の三好家のために足利将軍家と争い、管領の細川氏と争い、やがては長慶の養子・義継をかついで、三好家の実力者の三人衆と戦うことになったのである。

室町時代末期、下剋上が日本を蔽ったのは、元を正せば足利幕府の非力と守護制度という当時の社会制度の矛盾の中に原因があったといえよう。守護は国々を任されたが、それぞれに役職を与えられて、都で将軍に仕えた。このため領国の経営は代官――守護代に任された。土地との繋がりは、守護より、守護代が強まるのは当然の成り行きである。実力をつけた守護代が、守護を打倒して領国支配を行うようになっていったのが、戦国時代の下剋上の主な筋書きであった。

日本近世の扉を開いたのは、織田信長であった。しかし、その扉はにわかに開かれたのでは決してない。中世社会の殿《しんがり》を務めたのは室町幕府である。その室町幕府の幕引き役として大きな役割を果たした一人は、松永久秀ではなかったろうか。織田信長が、久秀の築いた多聞山城を手本に、安土城を築いたように、久秀が室町幕府の幕引きを演じた後を受け、久秀の知恵と教訓を参考にしながら、織豊時代の幕を開けた気がする。

足利幕府の意義を問い直すため、改めて『太平記』『後太平記』などの史書を中心に足利十五代の歴代将軍の足跡を振り返ってみよう。

●戦乱にまみれた初代尊氏

正慶二年（南朝元弘三年＝一三三三）鎌倉幕府から隠岐に流されていた後醍醐天皇は、隠岐を脱出して伯耆（鳥取県西部）の名和長年を頼った。後醍醐軍討伐の命を帯びて、鎌倉幕府から派遣された足利高氏（後に尊氏）が、突如丹波で後醍醐側に寝返った。京都の幕府軍である六波羅勢は、尊氏に攻められて東国に逃れる途中、伊吹山麓で命運の尽きたことを悟り、四百三十二人全員が切腹して果てた。後醍醐帝は五月に京都に入った。

一方、同じ時、新田義貞が上野《こうずけのくに》国で挙兵、坂東武者たちがこれに同調して鎌倉に攻め入り、北条高時をはじめとする北条一族は自刃、百四十年続いた鎌倉幕府は歴史を閉じ、建武中興の天皇親政が実現した。

後醍醐天皇のかねてからの念願は、武家政治を廃して、公家による政治、天皇親政を実現することであった。しかし天皇の挙兵に応じた武士たちは、鎌倉幕府に対する不信不満が重なった末、新しい武家政治を期待して、北条討伐に参加したのであった。ところが北条討伐が成功してみると、最大の原動力であった武士たちは、恩賞の対象からはずされ、地方の実情を知らぬ公卿たちの決裁で、皇族や公卿ばかりが論功行賞の対象になった。武士たちは、罪なくして土地を没収されたり、何ら恩賞の沙汰がなかったり、期待が裏切られ、次第に不満の声が高まってきた。

元弘三年六月、後醍醐天皇が伯耆から帰京して論功行賞を行ったとき、天皇は尊氏を鎮守府将軍に任じ、大塔宮護良《もりなが》親王がそれより上の征夷大将軍に任ぜられた。しかし尊氏は、北条討伐のあかつきには征夷大将軍に任ぜられ、新しい幕府を開き、後醍醐天皇を上にいただきながら武家の総帥として君臨することを念願としていた。建武元年（一三三四）六月、護良親王は、兵を集めて尊氏奇襲を図ったが、いち早くその情報を得た尊氏は、厳重な警戒体制を敷いて親王につけ入る隙を与えなかった。そればかりか、尊氏は護良親王が帝位奪取の陰謀をめぐらしていると後醍醐天皇に告げ、逆に親王は逮捕された。十月二十二日のことであった。護良《もりなが》親王は武者所に拘禁された後、尊氏の手に渡され、十一月鎌倉に護送された。前年の十二月に成良親王を奉じて鎌倉に下っていた足利尊氏の弟、直義《ただよし》がこれを受け取り、その監視の下に親王は禁錮の身となって土牢に入れられたのである。

建武二年、北条高時の遺児、相模二郎時行が信濃の国で挙兵し、鎌倉に攻め込んだ。諏訪三河守、三浦介入道ら五十余人が味方したので、伊豆・駿河・武蔵・相模・甲斐・信濃の軍勢が馳せ加わって五万余騎といわれた。鎌倉を預かっていた足利直義《ただよし》は驚きあわてて、すぐに渋川刑部大輔《だいふ》義季《よしすえ》を防衛軍の大将に指名し、発向させた。義季は軍兵わずか五百余騎で、武蔵国女景原《おなかげはら》に陣を張った。相模二郎時行勢は雲霞のような大軍である。渋川義季は強大な敵の軍勢を前になす術なく、陣中で鎧兜《よろいかぶと》を脱ぎ捨てて、腹を切った。女景原の合戦だけでなく、関東各地で足利党の武士たちがいずれも討ち死にしたので、足利直義は、七月二十三日に鎌倉を脱出した。

足利直義が鎌倉を脱出するとき、淵辺甲斐守を呼んで、

「味方は少数なので、いったん鎌倉から退出するが、軍勢を集めてすぐに攻め寄せるから、相模二郎を退治するのはわけはない。ここで考えなければならないのは大塔宮のことである。足利家にとって将来も敵《かたき》となるのは大塔宮である。宮を死罪にせよという勅許はないが、ことのついでに宮には死んでもらいたい。貴公は急ぎ立ち帰って宮のお命をちぢめ奉

れ」

と命じた。淵辺は主従七騎で宮の監禁されていた土牢に引き返した。宮は土牢に半年ばかり閉じ籠っていたため足もすっきりと立たない有様であったが、

「己《おのれ》は我を失へとの使いだろう」

と淵辺の太刀を奪おうとして、組み合いになった。淵辺は脇差で宮の胸もとを突き、宮の弱ったところを髪をつかんで首をかき落した。牢の中は暗くてよく見えなかったが、明るい所で宮の首を見ると、太刀の奪い合いのとき折れた刀の先が宮の口の中にあり、眼の色も生きた人のようであったので、

「このような首は大将に見せられない」

とあたりの藪に放げ捨てて、直義に報告した。

鎌倉を落ちた足利直義は、道々敵に追われ、安倍川西岸の手超《てごし》河原では、一時自害を決意したが、輩下の武士たちに支えられて、危うく駿河国矢矧《やはぎ》にたどりつくことができ、地頭の入江春倫《はるみち》の支援を受けて陣を張り、京都へ早馬を立てた。春倫は松永久秀の大伯母、妙精の婚家入江氏の先祖である。

京都では、この報せを受け、足利高氏を討手に差し向けることになった。この時、高氏は勅使に次のように答えている。

「元弘の乱のとき、高氏が帝のお味方に参ったことで、天下の武士たちはどっと官軍となって勝利に結びつきました。今天下一統の御代を迎えたのはひとえに高氏の武功であります。

そもそも征夷大将軍の任は、代々源平二氏が功によって、その位につくことができたのであります。従って私は世のため家のため、その位につくことを深く希望するところでありますが、いまだそのお許しを得ることができません。

次に乱を鎮めるについて士卒に功あれば、即時に賞を行うことが肝要です。もし中央に注進してから、功賞が行われるのであれば、忠義の武士たちが、一命を顧りみず忠戦する勇を鼓舞することができません。ですからしばらくの間、関東八カ国の管領の職をご許可下さり、軍勢の恩賞はただちに行えるようにしていただければ、夜を日についで馳せ下り朝敵退治に向かいましょう。

もしこの二カ条について勅許がいただけないようでしたら、関東征伐はほかの人にお申しつけ下さい」

高氏の勅答を受けて帝は、申請どおり簡単に勅許を下し、

「征夷将軍のことは関東平定の時、その忠功によることにしよう。関東管領の件は、不都合はあるまい」

と、すぐに綸旨《りんじ》を下された。これに加えて、天子の諱《いみな》尊治の一字をくださり、高氏の高を改めて尊氏を名乗るようにと言われた。尊氏はこれを受けて、すぐに関東へ下向した。尊氏勢は建武二年八月六日矢矧《やはぎ》に到着、直義勢と合流した。その勢六万余騎に上った。相模二郎時行はこれを聞いて、名越《なごし》式部大夫を大将に、東山・東海両道から攻め上らせた。その勢あわせて三万騎。尊氏はこれを受けて橋本の宿で敵の先陣に押し寄せ、互いに勇み戦ったが、鎌倉方は利を失って小夜の中山まで引き、さらに箱根、相模川で支えたが、数度の合戦で兵の過半を失い、ついには三百余騎となった。この事態に諏訪三河守ら鎌倉方の大名たちが勝長寿院に走り入り、差し違えて自害して果てた。死骸は面《つら》の皮が剥がれて誰が誰だかわからなくなっていたが、相模二郎時行もこの中にいたらしい。

●新田義貞と対立

足利尊氏が相模二郎時行を退治して、東国はまもなく静まったので、天皇との約束があるのだから何の差し支えがあろうかと、尊氏は宣旨もまだ下されてないのに、強引に足利征夷将軍を名乗った。関東八カ国の管領はすでに勅許のあったことだからと、このたびの合戦に忠功のあった者たちに恩賞を行ったが、前に新田氏一族が北条一族を滅ぼしたときに恩賞として拝領していた東国のあちこちの所領を、ことごとく没収して、家臣に分配した。新田義貞はこれを聞いて心中穏やかならず、新田氏の分国である越後、上野《こうずけ》、駿河、播磨の国などにある足利一族の知行地を押収して、家来たちに分け与えた。もともと新田氏は足利氏と同じ源氏の流れで、初代は足利氏二代目の弟であった。しかしこの出来事で新田と足利の仲はにわかに険悪となり、諸国のもめごとは絶えることがなかった。

この頃、尊氏が一通の上奏文を差し出したと聞いて、その内容は次のようなものであった。

先年、尊氏が京都で賊徒を退けたと聞いて、義貞は朝敵を誅する名目で挙兵しましたが、実はやむを得ず戦ったにすぎません。義貞は挙兵のとき、三度戦って勝つことができず城を固めようとしたとき、尊氏の長男義詮《よしあきら》が三歳の幼い大将として下野国で挙兵、忠義の兵たちが馳せ集り、これに乗じて義貞は大いに敵を破ることができたのです。これは戦ったのは義貞ですが、本当の功績は私にあるのです。それなのに義貞は帝のお耳を欺き、抜きん出た恩賞にあずかり、高い官職を望んでいます。まさに世をあざむき、国をむしばむものです。このような者を諫めぬわけにはまいりません。

今尊氏は北条の残党を鎮圧するため、東国遠征に苦しんでいます。しかし、朝廷にはへつらう臣がいて、讒言《ざんげん》を行って真実を曲げています。これはひとえに義貞におもねる輩から出ているものです。帝には早く勅許を下さり、逆賊の一族を誅伐して天下の平和を達成されるようお願い申し上げます。

この上奏文が内覧の臣にも下されず、全く知る人もなかったのに、新田義貞は、これを伝え聞いて同じように上奏文を奉った。その内容は次のようなものであった。

天下泰平がもたらされた世の初め、戦乱で国土は揺れ、武士は土地を奪い合いました。この時、尊氏は幕府の命で一族をあげて上洛しました。ひそかに官軍の優勢を見てとり、自分の死を免れるために、様子を窺っているうち、名越尾張守高家が戦場で命を落としたとき、初めて宮方に与《くみ》して丹波で挙兵したのであります。そして天誅が北条氏に下り、天下が一変したとき、漁夫の利を占めたのです。今尊氏は戦功少なく、官位が高いのに、義貞の忠義をしきりにねたみ、無実のことを言いふらしています。

義貞が朝敵追罰の綸旨をいただいて上野国《こうずけのくに》で挙兵したのは五月八日でした。尊氏が官軍の後について六波羅を攻めたのはこの月の七日でした。都と田舎は八百里もあり、どうして一日で伝えられましょうか。義貞は京の敵が敗れたと聞いてから挙兵したと上奏文に書いていますが、うそもいいところです。また尊氏の長男義詮が、わずか百余騎を率いて鎌倉に入ったのは六月三日です。義貞が百万の大軍を従えて、たちまち逆賊を滅ぼしたのは五月二十二日です。にもかかわらず、三歳の義詮が合戦したように帝のお耳に偽りの事実をお伝えしています。

尊氏の弟、直義《ただよし》は相模二郎時行におびやかされ、戦わずして鎌倉を退いたとき、ひそかに使者をやって大塔宮（護良親王）を誅し奉りました。このことは、まだ帝のお耳に届いていないでしょうが、甚だしい大逆無道の行いで、千古の昔からいまだ聞いたことがありません。

尊氏・直義の大罪は数え上げれば八つにも上ります。天地の間にしばらくも身を置くことを許されないものです。尊氏は次第に帝のご威光を奪ってわがものとするため、正義の人が朝廷にあるを嫌い、義貞を誅伐することを願い出ています。どうか帝が正しいところを照らし、尊氏・直義以下の逆賊を誅伐すべしと宣旨をお下しいただくよう念願する次第です。

二通の上奏文を前に、すぐさま諸卿が参列して協議した。いま二つの上奏文を読みくらべてみると、新田義貞の上奏文は、足利尊氏の上奏文の内容を知ったうえで書かれただけに、論理的にも筋が通っていて説得力に優れている。尊氏は実利にさそわれた諸国の大名たちの支持をバックにし、義貞は大義名分をかかげて、建武の新政を押し進めようという意図が明らかである。上奏文を前に公卿たちの合議が始まったが、公卿たちは封禄の重さを考えて口を閉ざし、身分の低いものは他聞を憚《はば》かって何も言おうとしなかったなかで、後醍醐帝の側近の坊門宰相清忠が進み出て、

「今両者の上奏文を開き、両者の道理をつくづく考えてみると、義貞の指摘する尊氏の八

つの大罪は一つ一つが軽くない。その一つでも真実であるなら、尊氏・直義の罪は免れることはできない。ただし一方の言い分で訴訟を決めるのは軽率で、まちがったとき取り返しがつかない。しばらく東国の噂の真偽を待って、尊氏の処罰を決められたがよかろう」

と言ったので、諸卿皆賛成し、その日の評議は終わった。

こうした事態のなかで、大塔宮の身の回りの世話をしていた藤原保藤の女で、南の御方と呼ばれていた女房が、鎌倉から帰京して事の次第を奏上したので、帝は、

「では尊氏・直義の謀叛はまちがいない」

と思われたところへ、四国・西国から、尊氏が発行した軍勢催促の御教書《みぎょうしょ》数十通が帝に見せられた。諸卿は重ねて評議を行い、

「このうえは疑う余地はない。急いで追討軍を派遣すべきだ」

と、一宮中務卿親王を東国管領に任命し、新田義貞を大将軍に決め、諸国の大名をその下に付けた。

建武二年（一三三五）十一月八日、新田義貞は都を発った。弟の脇屋義助や、里見伊賀守ら主だった一族をはじめとし、総勢三千余人が大将の前後を固め、菊池武重、大友左近将監、大内新介、武田甲斐守、小笠原信濃守らを主だった兵として諸国の大名三百二十余人、その軍勢は二万七千騎。信濃国では国司堀河中納言ら一万余騎が搦手《からめて》勢となって鎌倉へ攻め寄せ

ようと、新田義貞からの合図を待った。

一方、鎌倉では追討の大軍勢がすでに京都を出発したことを知り、直義はじめ仁木・細川・高《こう》・上杉の人々が尊氏の前に集まって、

「もし敵が難所を越えれば、防ぎ戦ってもどうしようもない。急ぎ矢矧《やはぎ》、薩地山のあたりに出向いて、敵を防いで下さい」

と話したが、尊氏は、

「帝から厚いご恩をいただきながら、恩を忘れることは、人の道ではない。そもそも帝がいまお怒りになっているのは大塔宮の殺害と、諸国への軍勢催促の御教書のことである。いずれも尊氏のしたことではない。一つ一つ事情を説明すれば、お怒りは鎮まらないことがあろうか」

と、部屋に閉じ籠ってしまった。

一両日して追討軍の新田の軍勢が三河・遠江まで進軍してきた。細川阿波守和氏、佐々木佐渡判官入道らが直義のところに参上して相談した結果、

「敵に難所を越えられてしまえば後悔してもはじまらない。将軍はこのまま鎌倉に残して、われわれ一同一合戦して、武運のほどを見よう」

と、鎌倉を出発した。

直義に従う人々は二十万六千余騎、十一月二十日に鎌倉を出発して二十四日に三河国の矢《や》矧《はぎ》に到着した。二十五日明け方、新田義貞、脇屋義助《よしすけ》らが六万余騎で矢矧川に押し寄せて敵方を見渡すと、敵の軍勢は二、三十万騎もあろうかと思われ、雲霞のような鎌倉勢で満ち満ちている。しかし新田勢の圧倒的な力に敗れ、鷺坂に退き、さらに手超《てごし》河原の合戦で義貞の弟、脇屋義助らが奮闘して勝利を収め、足利方は鎌倉まで退却した。鎌倉に戻った直義らは偽の綸旨を作って、帝の怒りは強く、尊氏をお赦しにはなりそうにないとたきつけて、尊氏に道服を脱がせ、直義が六万余騎で箱根路を防ぎ、尊氏が十八万騎で足柄路を経て竹下（静岡市）で防戦することになった。京都勢は中務卿親王が大将、脇屋義助が副将軍となって七千騎が竹下へ向かい、新田義貞は七万余騎を率いて箱根に向かった。中務卿の軍勢は先陣が北面の武士など京都の軍勢で、尾張右馬頭高経らに攻められて一戦もせずに崩れた。この搦手の敗戦で、大手の軍勢の中には逃げ出すものが多く、新田軍は、尾張まで退却することになった。

この頃、四国の細川定禅が、尊氏の呼びかけで挙兵したのをはじめ、備前、丹波はじめ全国各地で足利側の蜂起が相次ぎ、京都護衛のため、帝は新田軍の帰京を要請した。新田軍は義貞を総大将に京の守りを固め、大渡《わたり》（淀川・木津川・宇治川の合流点）で足利軍と対抗した。そこへ四国で挙兵した細川定禅がかけつけた。その勢二万三千余騎。細川勢は脇屋義

助らの守る山崎の城を激しく攻めたため、城側は圧されて伏見を指して落ちていった。新田勢は、

「このままでは皇居が危い」

と、大渡を捨てて京に帰った。この情勢で、帝は京から比叡山へ逃れ、さらに東坂本に向かわれた。

新田義貞が先に関東に下向したとき、奥州の国司北畠顕家に、義貞に味方して鎌倉に攻め入るよう帝から綸旨《りんじ》が下され、顕家軍は出発したが道中日数がかかり、箱根・竹下の合戦には間にあわなかった。その北畠軍が建武三年（南朝延元元年＝一三三六）一月十二日、越後・上野《こうずけ》・常陸などの新田の一族らを連れて近江国に着いた。総勢十万余騎の大軍となっていた。すぐに坂本に連絡をとり、新田義貞と楠正成・北畠顕家らが合議して足利勢倒滅の軍議を開いた。その結果、足利勢の先陣として三井寺に陣取っている細川定禅、高《こう》大和守勢を攻めることになった。三井寺の細川らは、官軍の動きを察知して急ぎ助勢を出すよう京都へ使いを出したが、尊氏は北畠勢がかけつけたことに気づかず、

「関東勢といえば宇都宮の武士たちだろう。宇都宮勢の本陣は足利勢に合流して京にいると知れば、こちらに付くのではないか」

と、たかをくくって一騎も助勢の兵を出さなかった。

明け方、顕家軍二万騎、義貞軍三万騎、そのほか一万五千騎、合わせて六万五千の大軍が三井寺に押し寄せた。三井寺側も覚悟はしていたので、激しい防戦を展開したが、本隊の顕家軍・義貞軍が出動してくると、支えきれず、半日ばかりで足利方の戦死者は七千三百人に上った。残る兵たちもすべて傷を負って京に逃げた。

新田義貞は二万三千の手勢を将軍塚に上げ、

「味方は二万、敵は八十万、まともに戦すれば勝てる道理がない」

と、五十騎ずつわけて笠じるしを捨て、敵の中にもぐり込ませ、戦が始まると敵中で四方八方に馬を駆けさせた。足利勢は意志統一が悪く、まぎれ込んだ敵の動きで同士討ちが始まり、山崎・丹波路に向かって退却した。

足利軍は圧倒的な大勢力であったが、官軍は新田義貞のほか戦術に優れた楠木正成も加わり、東北からかけつけた北畠顕家軍の参加に勇気づけられて、目ざましい戦闘を展開、足利軍を破った。

敗走する尊氏軍の中に熊野山の別当四郎法橋道有という人物がいた。まだ稚児《ちご》姿で、薬師丸と名乗ってお供していたのを、尊氏が呼び寄せて、ひそかに次のように言った。

「このたびの京都の合戦で味方が毎回負けたのは、全く戦い方の失敗によるものではない。よくよく原因を考えてみると、ただ尊氏が朝敵であるためである。だからなんとしても、持明院殿の院宣をいただいて、天下を帝《みかど》と上皇の御争いに変えて、合戦をいたしたいと思う。お前は日野中納言殿に縁故のある者だと聞いているので、今から京に帰って院宣をお願い申し上げてほしい」

と頼んだ。薬師丸は、

「承知いたしました」

と、三草山（兵庫県加東郡社《やしろ》町）で尊氏に別れて、すぐに京へ上っていった。尊氏はこのとき、南北朝の騒乱を思い立ったのであった。

建武三年（南朝延元元年＝一三三六）二月、尊氏は敗走して九州に赴いたが、筑前多々良浜で菊池武敏を破った。尊氏につき従った武士たちは総数で五百人といわれる。菊池勢は五、六万。数からみれば百分の一である。尊氏は自刃も考えたが、つき従った弟の直義《ただよし》に諌められて思い止まった。直義はその足で十八人の郎党を連れて五千余騎がたむろしていた海辺の敵中に切り込み、敵勢を肥後の国に遁走させた。この後は九州と壱岐・対馬は残らず尊氏に服従することになった。

●美人との別れを惜しみ失敗した義貞

足利尊氏が京都で敗れて西国に走ったとき、新田義貞が敵の敗北に乗じて追い討ちをかけていれば、尊氏勢が九州で力を盛り返す事態は起きなかったであろう。ところがこの時、義貞は天下第一の美人と評判された勾当内侍《こうとうのないし》を天皇からいただいたので、美人との別れを惜しんで、西国下向を延期した。これこそ、美人が国を滅ぼすという傾城傾国《けいせいけいこく》の故事の証拠といわれた。

尊氏は建武三年（南朝延元元年＝一三三六）四月三日、大宰府を発って上洛の途についた。五月一日、安芸厳島に参籠したとき、三宝院の賢俊僧正が持明院殿（光厳上皇）からの院宣を持参、南朝に対抗する北朝の体制が調った。尊氏勢は弟の直義《ただよし》が二十万騎を引きつれて陸路をとり、尊氏は兵船七千五百余艘で海路を東上した。

兵庫で迎え討った官軍は新田義貞、楠木正成ら五万余騎。湊川に戦った楠木正成・正季《まさすえ》兄弟は健闘したが楠勢は精兵といっても総数七百騎、足利軍は総勢五十万騎。直接楠木軍とぶつかったのは直義軍の六千騎であった。双方合わせて十六回ももみあううち、楠木側は七十騎となり、正成・正季兄弟は刺し違え、部下たちも一度に腹を掻き切った。新田義貞も手勢が三千余騎となって丹波路を指して落ちて行った。新田義貞は洛中に戻り、後醍醐天皇は、三種の神器を先に立ててまたも東坂本に臨幸された。

●足利幕府ようやくスタート

建武五年（南朝延元三年＝一三三八）八月二十八日、年号が改められ暦応元年となった。この時の人事異動で尊氏は上席の公卿十一人を越えて、正二位征夷大将軍になり、弟の直義は従四位上の位を授けられ、相模守で征東将軍の勅命が下された。尊氏にとって念願の征夷大将軍に任ぜられたことになる。これが、足利幕府の正式のスタートである。これに先だち同じ年の七月越前の官軍が、大将新田義貞に率いられて足利側の足羽城を攻めたが、この時、義貞はわずかな兵を連れて前線視察の途中、細川出羽守らの軍勢と遭遇、膝を射られて自害した。義貞の首は京で獄門にさらされた。

後醍醐天皇はこの年十月、尊氏と和して京に戻り、いったんは持明院統の光明天皇に神器を授けた（『太平記』では偽物だったとされている）。光明天皇は尊氏政権——足利幕府の成立を認めたが、十二月になって後醍醐帝は吉野へ走り、ここに南北朝が分裂、以後五十六年間にわたって日本中が二派に分かれて、果てしない争乱の時代が続く。

後醍醐天皇は暦応二年（南朝延元四年＝一三三九）吉野で没し、帝位は太子義良親王（後村上天皇）に譲られた。後醍醐帝と足利尊氏の抗争は終わったが、尊氏には今度は弟直義《ただよし》との主導権争いが待っていた。直義は二歳違いの弟で、尊氏の中央進出にあたっては終始兄に従い、早い時期から尊氏が軍事の責任者、直義が政務の責任者として、両者が助け合ってきた。ところが、尊氏が将軍になると、尊氏腹心の高師直《こうのもろなお》が二頭政治の尊氏と直義の間に割り込んできた。やがて直義と高師直の対立が、尊氏と直義の抗争に発展していく。直義には気心の合った守護が全国に散在し、尊氏・師直にも各地に尊氏・師直党がいた。これに南朝が加わって三つどもえの合従連衡が行われ、関東、信州や奥州でも争乱が起きた。観応二年（南朝正平六年＝一三五一）二月、直義が諸国に決起を呼びかけて、尊氏・師直軍が敗れ、兵庫で師直が殺される。しかし尊氏は南朝軍と和を講じ、直義討伐軍を率いて東下、観応三年一月伊豆・相模で直義軍を破り、直義軍と和して鎌倉に入った。二月に直義が死んだ。『太平記』は、

黄疸という発表だが、実は薬をもられたといううわさである。

と伝えている。戦乱に明け暮れた尊氏にも、ようやく平和が訪れたかと思われたが、尊氏が直義との抗争に勝ち抜くため、一時手を握った南朝が、今度は尊氏に刃を向ける。南朝は一気に京都を回復しようとして攻勢を見せ、天下の騒乱はいっそう激しさを増した。南朝軍は京都だけでなく、同時に鎌倉を攻め、一時は鎌倉も占領した。

南朝側はこの時だけでなく、短期間だが、三度京都を占領している。その南朝軍の中軸となったのは、足利直義の養子の直冬であった。直冬はもともと尊氏の子であったが、尊氏が

二人の息子のうち兄の直冬を嫌って、後嗣に義詮《よしあきら》を選んだため、直冬は直義の養子となり、直義の死後、直義党を率い、南朝軍とともにしばしば京都をおびやかすことになった。延文三年（南朝正平十三年＝一三五八）足利尊氏は背中に悪性の腫瘍ができて死んだ。没年は五十四歳、征夷大将軍になってから二十年であった。尊氏の生涯は最後まで戦乱にまみれた一生であった。

●監禁された二代義詮《よしあきら》

足利二代将軍、義詮は尊氏が死んだとき、すでに二十九歳。三歳のとき、鎌倉に出陣して以来、尊氏とともに戦乱の世を戦い抜いてきた。尊氏の死去の翌年、延文四年三月、征夷大将軍に任ぜられた。

義詮が将軍在任中は、南北朝時代の対立、戦乱の最も激しい時代であった。播磨の国人、赤松則村の子息に赤松律師則祐《そくゆう》という武将がいた。観応二年（南朝正平六年＝一三五一）に南朝側についていたが、翌年には義詮方に転じ、三月には洞ケ峠で南朝方と戦っている。南朝側、北朝側に分かれて全国各地で激しい戦乱が繰り広げられているが、必ずしも南朝側、北朝側に明確に所属が分かれていたわけではない。

足利義詮《よしあきら》は、征夷大将軍に任ぜられた延文四年の十二月に、南朝勢討伐のため都を発った。

南朝方は楠木正儀《まさのり》、和田正氏を中心に河内の赤坂、平石、八尾、竜泉寺峰《りゅうせんじがみね》に城を築いて対抗した。

延文五年二月、京勢二十万騎が金剛山の北西にある津々山に陣を構えた。敵味方の間はわずか五十町余（約五キロ）にすぎなかった。まだ戦いが始まらないうちに南朝側の丹下・湯浅などの一族五百余騎が降参したので、津々山城の人々は、

「やはり敵は弱ったのだ」

と思った。しかし両陣とも互いに野伏《のぶし》を出兵して、懸命に矢軍《やいくさ》をさせていた。もともと南朝軍の和田・楠木勢は野伏軍《いくさ》に熟達していて、京勢は地理を知らないので、合戦の度ごとに寄せ手の負傷者・戦死者の数は増えた。

京勢は初めのうちこそ大将の出した禁制を守っていたが、兵たちは次第に疲れてきて、神社・仏閣に乱入して、神宝や寺宝を奪うなど狼藉が目立ち、制止することもできないで、悪事のしほうだいになった。

南軍の四条中納言隆俊が三千余騎を率いて、紀伊の最初峰《さいしょがみね》に陣を取っているというので、四月三日、将軍勢の畠山道誓《どうせい》が、弟の義深らの軍勢三万余騎を最初峰へ差し向けた。南軍の侍大将塩谷伊勢守は兵を引き連れて最初峰を退いて竜門の山に籠った。畠山方はこれを見て、

「敵が引いたぞ。どこまでも追い討て」

と、取るものも取りあえず、敵を追わせた。楯も用意せず、進軍の手配もないまま、あまりにもあわただしい追撃であった。しかし竜門というのは山深く、道は盲腸のようにくねくねと回りくねっている。畠山勢は坂の半ほどまでかけ上り、少し平らな所に馬を休めて一息ついていたところ、身軽な装いの南軍の野伏《のぶし》約千余人が、尾根に立って雨の降るように矢を射かけてきた。畠山勢三万余騎は狭い谷間に身動きできないでいるところへ射こまれる矢は、人にはずれても馬に当たり、一本の矢で二人が射られる有様。半時ほどの合戦で生け捕り六十七人、討ち死に二百七十三人に上り、寄せ手は敗軍となった。戦はこうした山深い土地で、幕府軍は数だけに物を言わせて攻めに攻め、竜泉・赤坂の城も攻め落とされ、残るは金剛山だけとなった。しかし将軍義詮は、

「南方退治は、今はここまで」

と、五月二十八日、本陣の尼崎から帰洛し、全国から参加した二十万騎も、われ先にと上洛して、おのおの自国に帰っていった。

こうして戦乱は一応治まった。この頃、畠山入道道誓の宿所に細川清氏、土岐頼康、佐々木道誉らが集まって、酒宴や茶の会を催すなかで、道誓が仁木義長討伐を誘いかけ、同意をとりつけた。そこへ和田・楠ら南朝軍が金剛山から出撃して誉田《こんだ》城を攻めようとしているとの報せが京に入った。この話を聞くなり、畠山道誓以下先に共同行動をとることを決めた大

名三十余人が、七千余騎の軍勢で、将軍の要請状も待たず、われ先にと天王寺に出撃した。この行動は南朝方の蜂起を鎮めるためでなく、仁木義長を滅ぼすための軍勢であった。南朝の和田・楠木勢は誉田城も攻撃しないまま、元の金剛山の奥に引き籠った。京都勢はそのまま天王寺にとどまって義長追討の策略をめぐらしたのであった。

この事情はすぐに京都に伝えられた。義長は大いに怒って将軍義詮のもとに参上し、

「道誓・清氏たちは義長を討つべしといって天王寺から二方面に分かれて上洛するとのことでございます。これはきっと天下を覆えそうと考えているのでございます」

と申し上げた。義長はさらに将軍義詮の館を守り固めて、義詮を監禁、万事自分の考えどおり命じ、天王寺勢は朝敵となり、追罰の綸旨《りんじ》と御教書《みぎょうしょ》が下され、義長はそのまま将軍の執事職についた。

そうしたなか、佐々木道誉が、こっそり将軍館に参上して、将軍に、

「道誉はこれから仁木と対面して軍評定《いくさ》いたしますので、その間に女房の姿に身仕度なさって北の小門からお出になって下さい。お馬をご用意して、どこへでもお隠し申し上げます」

と伝えた。夜も更けた頃、義詮は女房の姿に身支度し、館から出て、築地の陰にかくれていた道誉の家来に案内されて西山まで逃れた。

やがて義長は義詮将軍が逃げたことに気づき、怒り狂ったが後の祭り。将軍が仁木側に監禁されていた間は、諸国の軍勢も義長の配下についていたが、将軍が逃げ出したと伝え聞いて、百騎、二百騎と次々に畠山・細川方に馳せつけ、義長の軍勢はわずか三百余騎になってしまった。これではかなうまいと義長は、弟の弾正少弼と猶子の中務少輔を丹後へ逃がし、自分は伊勢国へ逃げた。義長が京を出たと聞いて将軍義詮はすぐに都へ戻った。

伊勢に落ちた仁木義長は敵に取り巻かれて伊勢一志郡矢野城に籠っていたが、知行地もなく、頼みの一族も次第に逃げた。日ごとに軍勢が少なくなるのを見て義長は、ひそかに吉野の南朝に使をやって、味方として参上すると申し入れた。諸卿の異議は多かったが、仁木が味方につけば伊勢・伊賀の国司北畠顕能《あきよし》の城も安心できることになるだろうと、直ちにお許しの綸旨が下された。また京都の執事細川清氏が、佐々木道誉との確執から将軍義詮に叛いて南朝に味方した。清氏は、康安元年（南朝正平十六年＝一三六一）十二月、京都に攻め上り、将軍義詮は近江に落ちた。しかし京都では南朝側の勢力がまとまらず、義詮は康安二年には都に戻っている。

南北朝の争いは、全国各地で止むことがなく、いったん京を占領した清氏は、吉野の主上（後村上天皇）から大将に任ぜられたが、軍勢が従いつかず、結局、清氏は領国阿波に渡った。南北朝の争いは、果てしなく続き、南朝側、北朝側それぞれの内部の争いが原因で、武将たちは南へ北へ、揺れ動いた。将軍の権威は、二代義詮になって、早くも衰えたといえよう。

●南北朝騒乱に幕、三代義満

貞治六年（南朝正平二十二年＝一三六七）九月から健康を損なっていた義詮は、十二月に三十八歳で亡くなった。西国を治めていた細川頼之《よりゆき》が執事の職について幼君義満の後見をした。義満はまだ九歳であった。頼之は人徳衆にすぐれ、よく治政をつかさどり、足利幕府は三代目になってようやく太平の時代を迎えた。

義満が判始《はんはじめ》（花押の使用始め）を行ったのが十五歳のときであった。義満が将軍権力強化のため、もっとも重視したのは将軍直轄軍の強化であった。そのために幕府の支配機構が創立の頃にくらべ大きく変わった。執事―侍所―直轄軍という縦の関係を解体して、執事・侍所・直轄軍が個別に将軍に直属する形に改められた。執事が強大な権限を握ることで、将軍がロボット化することを防ぐためであった。

康暦二年（南朝天授六年＝一三八〇）室町幕府の名のもととなった北小路室町の将軍の新邸がほぼ完成した。庭に四季の花や木が賑やかに植えられ〝花の御所〟と呼ばれた。

将軍義満は、至徳二年（南朝元中二年＝一三八五）から毎年のように奈良、紀州、駿河

（富士山見物）、安芸（厳島参詣）、越前（気比宮参詣）へ、重臣たちを従えて諸国遊覧を行い、将軍の権威を誇示した。室町幕府にとってこの時期が唯一、戦乱から遠去かった平穏な時期であった。

この頃になってようやく、南朝と北朝の間に和平の動きが現実のものとなってきた。それまでも再三和解の話はあったが、いずれも北朝・南朝側の駆け引きのにおいが強く、結局は妥結に至らず、相変わらず血なまぐさい騒乱が全国で繰り返されていた。永徳年間（一三八一～一三八四）になって南朝武士団の中枢にいた楠木正儀《まさのり》、和田正武が相ついで死去した。山名氏清がこの機に乗じて二千騎の兵を率いて赤坂の城を攻めた。主将を失った赤坂城には、わずか三十騎の兵がいただけで、南朝の象徴であったこの城は、あっけなく陥ちた。

この頃になって南北和平の気運が高まり、明徳二年（南朝元中八年＝一三九一）九月、北朝は大内義弘をにわかに少将に叙任して、吉野の南朝の宮廷に派遣した。義弘が行ってみると南朝の宮廷は荒れ果てて、人影もまばらである。南朝の後亀山天皇に南北和平のお使いに参上したことを申し上げると、ただちに了承された。義弘が、

「まず嵯峨野あたりに還幸されて、三種の神器を北朝にお納め下さい」

と申し上げると、諸卿の意見はまちまちであったが、天皇は、

「私は朝廷の政を務めるわけでないのに、いたずらに神器を抱いて何の益があろうか。還

幸の後は、かならず神器を譲ろう」

と仰った。義弘は喜んで急ぎ京に帰ってこのことを奏聞した。

明徳三年十月二十八日、南朝の後亀山天皇は吉野を発った。赤松義則ら六千余騎が前駆し、大内義弘ら七千余騎が後に従った。後亀山天皇は閏十月二日に嵯峨の大覚寺に入られ、五日神器は内裏に入り、北朝の後小松天皇に授けられた。神器帰還を祝って大宴会が行われた。建武の南北朝分裂から五十六年であった。

●くじで選ばれた六代義教《よしのり》

応永元年（一三九四）、義満が太政大臣となり、義持が将軍職を引き継いだが、幕府の運営は、大御所義満の差し図を受けて行われた。応永六年、義満からの再三の上洛命令を受けて上京してきた大内義弘は、堺に留まったまま入洛せず、関東公方らと通謀して幕府打倒の兵を挙げた。応永の乱である。義満は大軍を率いて出陣、義弘を堺で敗死させるが、義満は応永十五年に没し、応永二十八年に義持が出家したため、若年ながら義量《よしかず》が五代将軍の座に就いた。その義量は四年後に十八歳で死去し、義持も二年後に没した。

義持は死に臨んでも後継将軍を指名しなかったため、三宝院満済（醍醐寺座主、義満の猶子）の提案で、くじで選ぶことになった。くじは義持の兄弟四人を候補者として、六条八幡の神前で行われた。天台座主の青蓮院義円が当たりくじと決まり、義円は還俗して将軍義教となった。

足利幕府は開創の頃から鎌倉に関東公方を置いて、東国の鎮圧に当たらせた。初代関東公方は尊氏の子、基氏であった。京都の将軍と鎌倉の関東公方の間には宿命的な対立があり、基氏と二代目将軍義詮との仲は良くなかった。四代関東公方の持氏は、将軍義持の生前に養子の約束があったにもかかわらず、将軍くじのとき、候補者の中にも入れてもらえず、無視されたのを怒り、兵を起こして京都に攻め上ろうとした。この時の東西手切れは、関東管領の上杉憲実らの奔走でことなく済んだ。しかし永享八年（一四三六）、今度は将軍義教が持氏追討のため、二万五千の兵を出した。持氏は鎌倉であっけなく自殺に追い込まれたが、東国には持氏党の諸勢力が残った。持氏の死から一年の後、永享十二年、下総の結城氏朝が持氏の遺児安王丸、春王丸を奉じて挙兵、東国各地でこれに応ずる者が少なくなかった。幕府は大軍を東下させた。動員兵力は十万ともいわれた。嘉吉元年（一四四一）、結城の城は落ち、氏朝は討たれた。安王丸と春王丸は京に送られたが、美濃の垂井の宿に着いたとき、京からの使者があり、

「二人とも路次で誅戮《ちゅうりく》せよとの命で、私はその検視のために来た」

という。兄弟に従って来た人々は、二人とも幼稚で罪はなく、京に着けば出家させようと

思っていたのに、と涙にむせんだ。幼い兄弟は垂井の金蓮寺に入って自害させられた。

●猿楽観賞の宴で将軍殺害

クジで選ばれた六代将軍義教であったが、もともと天台座主である。当然、政道は道義に優れ、理路整った世が期待され、世間は歓迎したが、いざ蓋をあけてみると、世間知らずで、周囲には讒言《ざんげん》が渦巻き、こび、へつらう家来たちが群をなす有様となった。そのあげくに将軍が、家臣の家で討ち殺されるという前代未聞の事件が発生した。嘉吉の乱である。

東国の動乱がようやく鎮まった嘉吉元年（一四四一）六月二十四日、赤松満祐邸で、将軍義教を迎えて猿楽観賞の宴が開かれた。いよいよ猿楽開始というとき、突如、後方の障子が手荒く引き開けられ、太刀を振りかぶった武士たちが現れて将軍に斬りかかった。義教はたちまち倒され、居あわせた公卿や大名も斬られて一座は一瞬のうちに血の池地獄と化した。管領細川持氏はかろうじて脱出した。悲劇を起こさせた張本人は祝宴の主人役の赤松満祐であった。満祐はそのまま邸宅に火をかけ、一族を引き連れて領国播磨に下った。

幕府では事件の翌々日になってようやく会議を開いて義教の遺児の千也茶丸（義勝）を後継と決め、赤松追討の戦略を練った。『看聞御記』には、

将軍のあとを追って腹を切る人もないし、赤松が落ちていくのを追い討とうとする者

もなかった。将軍がこんな犬死にをしたことは古来聞いたことがない。
と書かれている。

赤松追討軍が京を出発したのは、事件から二カ月近く経った八月十二日であった。地方の国人たちも恩賞の好機と次々に参加、追討軍は合わせて三十六万騎にも上った。これに対し赤松満祐の軍勢は二万余騎、数の上では問題にならないと思われたが、赤松軍は木山、白旗の両城を構え、数多い野伏を集めて陣を張った。白旗城の手前に蟹坂という急坂があった。赤松の兵は死を覚悟した血気の勇者揃いである。まず細川讃岐守詮春《あきはる》の兵三千が蟹坂を目指したが、たちまち討ち敗けて坂を下った。これを見た六角四郎高頼の軍勢七千余騎が駆け上ったが、これも追い落とされて後退した。山路が狭くて、いくら大軍で押し寄せても、坂で戦うのは五千余騎が精一杯。赤松の二万余騎に手玉にとられ、討たれる者、手負いの兵数知れぬ有様であった。三十六万の大軍を蟹坂だけに向けた戦術の失敗であった。

戦術の失敗に気づいた幕府軍は十月九日になって、大手・搦手四方の手分けを定めて未明から白旗の城を囲んで攻め上げた。赤松勢はこの動きを読んで、夜明け前から二万三千騎の兵が城から討ち出た。両陣営互いに奮迅の力をしぼって激突、赤松勢はようやく討ち敗け、三十六万騎の幕府軍の軍勢は一度に動き出し、赤松満祐も七カ所に疵《きず》を受け、嫡子彦次郎教祐、二男五郎則尚を呼んで、

「腹を切るより、命を全うして落ちのびよ」
と厳命して落ち行かせ、満祐は一族郎党七十三人とともに腹掻切って果てた。
満祐が将軍を殺害した原因について『看聞御記』には、
将軍が満祐を討とうとしていることがはっきりしたので、満祐が返り討ちしたものである。
と書かれている。また『嘉吉記』では、
永享十二年（一四四〇）満祐の弟義雅が、義教の不興を受け、所領を召し上げられ、その大部分が赤松貞村に与えられたことにある。貞村は赤松家の庶流に属し、男色で義教に寵愛されていた。
という。これが将軍殺害の嘉吉の乱のいきさつである。

●京の餓死者八万人　八代義政

義教が殺害された後、七代将軍には遺児の義勝が後継に立てられたが、まだ八歳であった。その義勝は、わずか二年後の嘉吉三年（一四四三）七月に死んだため、義教の次子・義成《よししげ》（後義政と改名）が八代将軍となった。

長禄二年（一四五八）は異常気象で、三月は田植時というのに雨が全く降らなかった。一年おいて寛正元年（一四六〇）も日照りが続き、田植時の水不足が深刻だった。五月末ごろからは一転して、ひどい長雨になり、あまりの寒さで、夏というのに冬着を引き出す有様となった。秋がやってくると、大風が吹き、イナゴの発生が猛烈で、天を暗くするほどに群をなして飛来、米の不作に追い討ちをかけた。山陽・山陰地方では食糧がなくなり「人民相食む」餓鬼道が出現した。翌寛正二年になると、食糧不足は全国的に深刻になる。都には乞食、非人が群がり、町々に餓死者の死体が山のように重なりあった。京都の餓死者は八万二千人に達したという。

このころ、ようやく二十歳を越えた将軍義政は、大飢饉の中で、寺参りや花の御所の復旧など土木工事を強行、幕府の無策ぶりは目に余るものがあった。義政は政務を夫人の日野富子らに任せて顧みず、応仁元年（一四六七）に応仁の乱が起こった。乱の原因は管領の畠山家の内紛がきっかけだったが、山名宗全（西軍）、細川勝元（東軍）が介入、全国の大名たちも捲き込まれて大乱に発展、京都市中で激戦が繰り返され、都は焼け野が原になっていった。

義政は文明五年（一四七三）乱の治まらないうちに、まだ九歳だった義尚《よしひさ》に将軍職を譲って、京の東山に引退、自らは能楽、茶の湯など遊芸にふけった。わび・さびの極致とされる東山文化はこうして生まれた。

義政は、政治の実権を握っていた妻の日野富子との仲が良くなく、子の義尚とも不和であった。文明五年、応仁の乱の東西の大将だった山名持豊と細川勝元が相ついで没し、京を廃墟にした大乱はやがて終息した。文明九年には各地の国主・守護が京を去って自国に帰っていった。こうして京の警備につく兵力がいなくなり、新将軍・義尚は近江の佐々木六角高頼に軍勢を派遣するよう再三御教書を出したが、一向に下知に従おうとしない。おまけに、すでに述べたように領域内の寺社領や幕府近臣の本領を奪う動きが目立ち、このため義尚は、六角征伐の軍勢を出し、自らも出陣した。高頼は、甲賀の山中に閉じ籠り、戦おうとはしない。甲賀の山は谷と峰がそばだって、居所さえわからない有様。過度の酒色で健康を損ねていた義尚は、延徳元年（一四八九）鈎里《まがりのさと》の陣中でにわかに没した。

●流浪の将軍、十代義稙

九代将軍義尚には男子がなかったので、将軍継嗣問題がまた持ち上がった。義尚は近江出陣の年に叔父義視の子、義材《よしき》を養子にしていた。義尚の母の日野富子は義材の将軍擁立を支援したが、これに強力に反対したのが、管領の細川政元であった。政元は応仁・文明の大乱のとき、東軍の諸大名をひきつれて西軍に寝返った義視父子に、激しい敵意を持っていた。このため、法体となっていた義政が一時親政したが、延徳二年（一四九〇）、その義政が死ぬと、義材の家督相続がにわかに決定された。

十代目になる新将軍義材《よしき》（後に義尹《よしただ》、義稙《よしたね》と改名）は、前将軍義尚の遺志を継いで、ふたたび近江の六角高頼征伐を行った。高頼は義尚の時と同じように、甲賀の山中に敗走、義材は高頼を完全に征伐することはできなかったが、近江一国をほぼ平定、勢いに乗じて翌明応二年（一四九三）、河内征討の軍を起こした。ところが、この義材の河内出陣中に、細川政元がクーデターを決行、義材の対抗馬として関東から上京してきていた堀越公方政知の子義《よし》澄《ずみ》を擁立した。細川政元は義澄を自分の屋敷に迎え入れ、明応三年、正式に第十一代将軍に就任させた。さらに政元は義材の陣する河内に四万余の大軍を差し向けた。義材とともに陣中にいた畠山政長は、あっけなく自刃して果てた。越中に走った義材は、勢力の挽回につとめ、三度にわたって越中で兵を挙げたが、京に入ることはできなかった。

義材は明応八年には、その名を義尹《よしただ》と改め、越中・加賀・能登・越前・若狭などの軍兵を率いて、近江の坂本まで進んできたが、細川政元の大軍に敗れてまたも敗走した。義尹は一旦伊予国にのがれ、さらに周防の大内義興を頼った。

永正四年（一五〇七）、細川政元が死んだことを知った義尹は、大内義興に支えられて上洛をはかり、この年、山口を発した。翌年、義尹が入京、将軍義澄と細川政元の嗣子・細川澄元は近江に逃れた。義尹は越中流浪六年、周防流浪八年の後、ようやく将軍職に返り咲いたのであった。青年将軍義材は、四十二歳の中年の義尹になっていた。義尹は永正十年（一五一三）、その二年前に死んだ前将軍義澄の子、義晴と和し、名を義稙《よしたね》と改めた。二度目の将軍職は十三年間続いたが、またしても管領細川高国と不和となり、和泉を経て淡路に渡り、再挙を図ったが、果たせず大永三年（一五二三）、阿波で死去している。

●地に堕ちた将軍、十三代義輝

将軍義稙が淡路に出奔した後、細川高国に奉ぜられて十二代義晴が将軍となったが、細川・三好らの勢力が強く、京都は乱れて幕府の威令が行われないまま天文十五年（一五四六）、将軍職を子義輝に譲った。

十三代義輝は、将軍職に就いたものの、両細川氏の争いと、三好・松永氏の台頭などで将軍の地位は有名無実となっていた。管領細川晴元と組んで幕府の力を回復しようとしたが、天文二十年、三好長慶の入京で細川晴元とともに近江に追われた。永禄八年（一五六五）、三好・松永連合軍に殺されるまで、近江に逃げたり、三好側と和解して京都に還ったりを繰り返していた。

●禄高一万石　十五代義昭

十三代義輝が殺された後、三好氏は十二代将軍義晴の兄弟で、阿波の細川氏のもとに身を寄せていた足利義維《よしつな》（義冬）の長子、義栄《よしひで》を十四代将軍に担いだ。しかし永禄十一年、織田信長が足利義昭を立てて入京すると、義栄は三好三人衆らとともに摂津に敗走し、その年に没した。義栄は名ばかりの将軍で、京に入ることもなかった。

十五代の義昭は将軍義輝の弟で、はじめ仏門に入り、奈良一乗院門跡となり、覚慶と称していた。義輝が殺害された後、細川藤孝らの助けで近江に逃がれ、全国の守護に京都回復を依頼した。永禄十年、還俗して義秋（後に義昭）と称し、翌年織田信長に奉ぜられて入京し、将軍となった。しかし信長の勢力が伸びるにつれて、信長に離反、毛利氏ら各地の大名を頼って足利幕府の再興を計ったが、成功しなかった。後に天正十五年（一五八七）、豊臣秀吉の保護を受け一万石を給せられている。慶長二年（一五九七）没。

日本史の中で、この室町幕府ほどまま子扱いされ、その実態を顧みられることがなかった幕府はほかにない。明治以来の尊皇史観の影響もあってか建武中興を破壊し、南北朝時代という動乱の中で成立した足利幕府に対する嫌悪感が、日本史の研究者を遠ざけていた感が強い。特に昭和初期の日本史の教科書は、二五〇年、十五代にわたるこの室町幕府について、おざなりの記述しかなかった。今改めて足利将軍家を回顧すると、まことにひ弱い体質で、幕府開創から閉幕まで、揺れに揺れた政治組織であったことに、改めてびっくりさせられる。

六代将軍の義教、十三代将軍・義輝はいずれも臣下の刃《やいば》に倒れ、九代将軍・義尚《よしひさ》から代々義稙《よしたね》・義澄・義晴・義輝・義栄《よしひで》・義昭まで七代の間は、天下大いに乱れ、将軍はいずれも戦乱の陣中で、あるいは京を追われて落ち行く先で世を去っている。京都で安らかに死んでいくことはできなかったのである。

永禄五年（一五六二）、三好実休が久米田の陣で没して後、阿波の三好氏の内政は乱脈となり、実権を握った実休の嫡男長治は、実休に討たれた細川持隆の嫡男、真之《さねゆき》が立て籠った仁宇山を攻めようとして自滅した。この時、細川真之に味方した国人に一宮成助という大将がいた。平島公方・足利義冬の嫡子で、十四代将軍となった足利義栄《よしひで》が永禄九年、阿波へ帰る途中、撫養で病没した。三好三人衆は、義冬の二男・義助を義栄のあとに迎えようとした。しかしこの時、松永久秀は一宮成助を都に招き三好勢の中核に据えようとした。これが、三人衆が久秀と袂を分かった最大の原因とされる。成助は細川氏の前に阿波の守護を務めた小笠原氏の一族で、久秀の小舅《こじゅうと》であった。久秀は足利将軍に代わり、三好氏と同族だった一宮成助を将軍に据える構想を持っていたのである。三人衆のように足利の血脈にこだわる意志は全くなかったことがわかる。この思いが織田信長に受け継がれ、信長の十五代足利将軍義昭の追放となったとも言いうる。ここでも中世から近世への道筋を松永久秀がつけたと考えるのは、久秀へのひいきの引き倒しだろうか。

いずれにしても、鎌倉幕府や江戸幕府に比べると、足利幕府は、安定度は格段に低く、国民にとっても頼りがいのない幕府であることがわかる。松永久秀はこうした幕府に引導を渡した一人で、最終的に止めを刺したのは織田信長であったといえようか。

あとがき

　私は奈良市の生まれ、少年期までその地で育った。生家は市街地の東北部にあり、佐保川を隔てて多聞山城があった。幼い頃からその城跡の山が遊び場であった。山遊びの子供たちがよく造る秘密基地があり、クワガタがよく獲れる秘密の木があった。鉄砲の弾丸の痕のある石垣があり、水のない古井戸があった。いつの頃からか、その山の城は松永弾正久秀が築いたことを知った。同じ山の空気を吸ったという身びいきであろうか、弾正に何となしに親近感を持っていた。

　ところが、松永弾正は、どの歴史書を読んでも〝下剋上を代表する奸雄《かんゆう》〟といった評価ばかりで、私の密かに抱いていた親近感は無惨に打ちのめされた。しかし、弾正の数多い悪評も、ちょっと見方を変えると、いずれもさしたる根拠のないものであることに気づいた。むしろ、主君・三好長慶に終始変わらぬ忠誠を尽くし、日本の近世城郭建築を創始し、織田信長に先立って、この国に近世の歴史の扉を開いた偉人ではなかったか、と思うようになった。

　私は歴史学の専門家ではないので、古文書に目が届きかねているところが少なくないであろう。もし身びいきが過ぎて、事実をゆがめている部分があれば、ぜひともご教示いただきたい。

平成十八年十月

藤岡　周三

【主な参考資料】

▽歴史資料

『常山紀談』（湯浅常山著、岩波書店刊）
『阿州将裔記』（塙保己一編、続群書類従完成会刊）
『大和軍記』（『大和記』、大和郡山藩士・三ツ枝土左衛門著、続群書類従完成会刊）
『細川両家記』（塙保己一編、続群書類従完成会刊）
『舟岡山軍記』（同）
『三好記』（同）
『三好家成立之事』（同）
『三好別記』（同）
『多聞院日記』（興福寺僧・英俊著、続群書類従完成会刊）
『太平記』（新編 日本古典文学全集、小学館刊）
『後太平記』（大橋新太郎編、博文館刊）
『足利季世記』（『改定 史籍集覧』、臨川書店刊）
ルイス・フロイスの『日本史』（柳谷武夫訳、平凡社刊）
『徳川実紀』（経済雑誌社刊）
『三河物語』（大久保忠教著、富山房刊）

▽府県史など

『大阪府史』（大阪府史編集委員会編、大阪府刊）
『奈良県史』（奈良県史編集委員会編、名著出版刊）
『兵庫県史』（兵庫県史編集委員会編、兵庫県刊）
『徳島県史』（徳島県史編さん委員会編、徳島県刊）
『史料　京都の歴史』（京都市編、平凡社刊）
『和歌山県史』（和歌山県史編さん委員会編、和歌山県刊）
『滋賀県史』（滋賀県編、清文堂出版刊）
『堺市史』（堺市役所編、清文堂出版刊）

▽研究書

『松永貞徳の研究』（小高敏郎著、至文堂刊）
『洛中洛外の群像』（瀬田勝哉著、平凡社刊）
『柳生一族　その周辺』（歴史図書社編、同社刊）
『柳生一族――新陰流の系譜』（今村嘉雄著、新人物往来社刊）
『正伝新陰流』（柳生厳長著、講談社刊）
『忍術　その歴史と忍者』（奥瀬平七郎著、人物往来社刊）

『三好長慶』（長江正一著、吉川弘文館刊）
『戦国期歴代細川氏の研究』（森田恭二著、和泉書院刊）
『近江浅井《あざい》氏の研究』（小和田哲男著、清文堂出版社刊）

著者プロフィール

藤岡 周三（ふじおか しゅうぞう）

1926年、奈良県に生まれる。

1951年、東京大学文学部独文科を卒業。毎日新聞社に入社。佐賀支局長、西部本社報道部副部長、出版局「重要文化財」委員会事務局長などを経て、1981年、定年退職。

著書に『明治・大正・昭和ニュース事典』（共著、毎日コミュニケーションズ刊）など。

戦国ドキュメント **松永久秀の真実**

2007年３月15日　初版第１刷発行
2015年12月25日　初版第５刷発行

著　者　藤岡 周三
発行者　瓜谷 綱延
発行所　株式会社文芸社
〒160-0022　東京都新宿区新宿１－10－１
電話　03-5369-3060（編集）
03-5369-2299（販売）

印刷所　神谷印刷株式会社

ISBN978-4-286-02470-7